JOHN STRELECKY

O café no fim do mundo

JOHN STRELECKY

O café no fim do mundo

Um conto sobre o sentido da vida

Tradução: Augusto Iriarte

Diretor-presidente:
Jorge Yunes
Gerente editorial:
Claudio Varela
Editora:
Ivânia Valim
Assistentes editoriais:
Fernando Gregório e
Vitória Galindo
Suporte editorial:
Nádila Sousa
Gerente de marketing:
Renata Bueno
Analistas de marketing:
Anna Nery e Daniel Moraes
Direitos autorais:
Leila Andrade
Coordenadora comercial:
Vivian Pessoa
Tradução de texto:
Augusto Iriarte
Preparação de texto:
Tulio Kawata

The Cafe on the Edge of the World
Copyright © 2020, John Strelecky
© 2024, Companhia Editora Nacional

Todos os direitos reservados. Nenhuma parte desta obra pode ser reproduzida ou transmitida por qualquer forma ou meio eletrônico, inclusive fotocópia, gravação ou sistema de armazenagem e recuperação de informação sem o prévio e expresso consentimento da editora.

1ª edição — São Paulo

Revisão:
Luiza Cordiviola e Gleice Couto
Ilustração de capa:
©dtv Verlagsgesellschaft mbH & Co. KG;
Ilustração: Root Leeb
Projeto de Capa:
Karina Pamplona
Diagramação e projeto gráfico:
Amanda Tupiná e Karina Pamplona

DADOS INTERNACIONAIS DE CATALOGAÇÃO NA PUBLICAÇÃO (CIP) DE ACORDO COM ISBD

S915c   Strelecky, John
         O café no fim do mundo: um conto sobre o sentido da vida / John Strelecky ; traduzido por Augusto Iriarte. – São Paulo : Editora Nacional, 2024.
         128 p. : il. ; 14cm x 21cm.

         Tradução de: The Cafe on the Edge of the World: A Story About the Meaning of Life
         ISBN: 978-65-5881-220-3

         1. Autoajuda. 2. Crescimento pessoal. 3. Motivacional. I. Iriarte, Augusto. II. Título.
                                                                          CDD 158.1
2024-1745   CDU 159.947

Elaborado por Vagner Rodolfo da Silva - CRB-8/9410

Índice para catálogo sistemático:
1. Autoajuda 158.1
2. Autoajuda 159.947

NACIONAL

Rua Gomes de Carvalho, 1306 — 11º andar — Vila Olímpia
São Paulo — SP — 04547-005 — Brasil — Tel.: (11) 2799-7799
editoranacional.com.br — atendimento@grupoibep.com.br

Para Casey, Mike e Anne.

Prefácio

Às vezes, quando menos espera (mas talvez quando mais precise), você se descobre em um lugar novo, com novas pessoas, e acaba aprendendo coisas novas. Foi o que aconteceu comigo certa noite, em uma estradazinha erma e mal iluminada.

Pensando em retrospecto, a situação era bastante ilustrativa da minha vida naquele tempo: perdido na estrada, igualmente perdido na vida, sem saber exatamente para onde estava indo, sem saber nem mesmo por que tinha tomado aquele rumo e não outro.

Havia tirado uma semana de folga, e o intuito era ficar afastado de qualquer coisa relacionada a trabalho. Não que meu emprego fosse horrível; ok, tinha lá seus aspectos frustrantes, mas, acima de tudo, eu vinha me questionando se a vida não deveria ser mais do que passar dez ou doze horas por dia dentro de um cubículo, com o único propósito, supostamente, de obter uma possível promoção para trabalhar doze ou catorze horas por dia dentro de um escritório.

Tinha passado o ensino médio me preparando para a faculdade, a faculdade me preparando para o trabalho, e desde então só fizera trabalhar para subir na empresa que havia me empregado. E agora vinha me questionando se as pessoas que me guiaram ao longo dessa trajetória não tinham simplesmente recitado para mim a mesma ladainha que um dia alguém recitou para elas.

Não que fossem maus conselhos, apenas não eram de encher a alma, digamos assim. Cada vez mais, eu sentia que só estava vendendo meu tempo e minha vida por dinheiro, e essa troca já não me parecia tão vantajosa.

Era nessa disposição de espírito um tanto incerta que eu me encontrava quando topei com o Café das Interrogações. Sempre que conto essa história, os interlocutores respondem com termos como "místico" ou com uma coisa meio *Além da imaginação* — para quem não conhece, um antigo seriado de TV em que os personagens se viam em lugares aparentemente normais à primeira vista, porém, só à primeira vista.

Às vezes, por um breve instante, me pego indagando se a experiência no café *foi mesmo* real; nessas ocasiões, vou até a escrivaninha lá de casa, abro a gaveta, pego o cardápio que Casey me deu e leio a mensagem escrita por ela. É uma maneira de me lembrar da acachapante realidade do que aconteceu.

Nunca tentei refazer os passos que me levaram ao café, nunca tentei encontrá-lo. Uma pequena parte de mim prefere acreditar que, a despeito da concretude dos fatos, mesmo que eu retornasse ao exato ponto em que me deparei com o café, não o encontraria lá. Essa parte de mim acredita que a única razão por que o encontrei é que, naquele momento, naquela noite, eu precisava achá-lo, e sua existência se deveu a nenhum outro motivo senão esse.

Talvez um dia eu tente voltar, ou talvez chegue o dia em que simplesmente me veja diante dele novamente. Se acontecer, vou entrar para dizer a Casey, Mike e Anne que aquela noite no café transformou minha vida, que as indagações a que eles me apresentaram se desdobraram em reflexões e descobertas que antes teriam sido inimagináveis para mim.

Quem sabe? Talvez nesse dia seja eu a passar horas conversando com alguém que, *igualmente* perdido, pise hesitante no Café das Interrogações.

Ou talvez eu escreva um livro para contar minha experiência — e seja esta a minha contribuição para o verdadeiro significado por trás do café.

Um

Eu avançava lentamente pela rodovia, tão lentamente que, se estivesse a pé, pareceria estar em um carro de corrida. Após uma hora devagar quase parando, o trânsito travou completamente. Varri as estações de rádio em busca de algum sinal de vida inteligente, mas não havia.

Passados vinte minutos sem qualquer avanço, as pessoas começaram a descer dos carros. Não que fosse mudar algo, mas assim, pelo menos, podíamos reclamar com outro ser além do automóvel — um pequeno alento para a alma.

O dono da minivan à minha frente repetia sem parar que sua reserva seria cancelada se ele não chegasse ao hotel até as seis. A mulher do conversível à esquerda reclamava da absoluta ineficiência do sistema rodoviário. Atrás, os jogadores de um time juvenil de beisebol estavam deixando a monitora à beira da loucura; era possível ver na cara dela que nunca mais iria se voluntariar para nada. Em síntese, eu era uma pequena conta naquele rosário de insatisfação.

Finalmente, depois de mais vinte e cinco minutos sem nenhum indício de movimento, divisei uma viatura de polícia se aproximando pelo canteiro central, parando de tantos em tantos metros para, assim presumi, explicar às pessoas o que estava acontecendo.

Pelo bem daquela policial, pensei, espero que ela tenha trazido os equipamentos antimotim.

Com ávida expectativa, esperávamos nossa vez. Quando chegou a nosso trecho da rodovia, a policial informou que um carro-tanque com um carregamento potencialmente tóxico capotara uns quilômetros adiante e a estrada estava completamente interditada. E disse que as opções eram dar meia-volta e buscar uma rota alternativa — que de fato não havia — ou esperar pelo fim da limpeza, que provavelmente levaria mais uma hora.

Fiquei observando conforme ela se deslocava até o próximo grupo de motoristas desconsolados. Quando o cara da minivan repetiu pela enésima segunda vez sua preocupação com a reserva das seis horas, resolvi que minha paciência tinha se esgotado.

— É incrível como esse tipo de coisa sempre acontece quando decido me afastar por uns dias — murmurei comigo mesmo.

Falei para meus novos amigos que tinha atingido o limite da frustração e que tentaria outro trajeto. Não sem um último comentário sobre a reserva das seis, o dono da minivan abriu caminho para que eu manobrasse até o canteiro central, o qual atravessei para tomar um novo rumo.

Dois

Peguei o celular e abri o aplicativo de navegação. "Sistema indisponível", era só o que a tela mostrava.

Indo na direção sul, sabendo que devia estar indo para o norte, minha frustração se acumulava. Dez quilômetros sem qualquer saída se tornaram quinze, que se tornaram vinte, que se tornaram vinte e cinco.

— E quando a saída aparecer não vai fazer diferença, porque já não tenho a mais remota ideia de como faço pra chegar aonde quero ir — falei em voz alta para mim mesmo, numa clara demonstração do meu estado de espírito deteriorado.

Por fim, no quilômetro trinta, mais ou menos, enxerguei uma saída.

Não é possível uma coisa dessas, pensei enquanto fazia a curva ascendente. *Deve ser a única rodovia no mundo que não tem um posto de gasolina que seja, um restaurantezinho de beira de estrada, nada.* Olhei para a esquerda: um vazio. À direita, o cenário era igualmente despovoado.

— Bem — falei —, pelo visto não faz diferença que caminho eu tome.

Virei para a direita e anotei mentalmente que estava seguindo na direção oeste e que, portanto, no próximo cruzamento (oxalá houvesse um) pegaria a direita de novo. Assim pelo menos teria certeza de estar seguindo para o norte. A rodovia era composta de duas vias, uma das quais me levava para longe do meu ponto de origem, enquanto a outra me fazia retornar a ele, e eu realmente não sabia em qual delas devia estar.

Quase não havia tráfego; sinal de civilização, menos ainda. De quando em quando, via uma casa, uma chácara, mas logo a paisagem voltava a ser mato ou pastagem.

Uma hora depois, eu estava oficialmente perdido. Tinha passado por alguns cruzamentos, mas todos pequenos e com aquelas placas que sinalizam muito imediatamente que deu ruim — se faz quarenta quilômetros que você não vê vivalma, e se as placas da rodovia em que você se encontra estão desgastadas pela ação do tempo, é porque as coisas atingiram certa desolação.

Ainda assim, no cruzamento seguinte, que de fato não era maior do que os que eu ignorara, virei à direita. Foi um ato de desespero de alguém que só queria seguir uma bússola, mesmo sem fazer ideia de onde estava. Você pode imaginar meu desalento quando divisei a placa também carcomida na estrada.

Três

Mais uma hora se passou. O sol se punha rapidamente no horizonte. O declínio do astro contrastava com a contínua ascensão da minha frustração.

— Deveria ter ficado na via expressa — falei com raiva. — Se o problema era perder uma hora de viagem, agora já perdi duas e continuo sem fazer a menor ideia de onde estou.

Soquei o teto do carro, como se ele fosse responsável pela situação, ou como se isso fosse resolver algo.

Mais dez, quinze, vinte quilômetros, e nada. O tanque estava a menos da metade. Até onde eu atinava, retornar não era mais uma opção; com a gasolina que me restava, eu não chegaria ao ponto de partida, isso se o achasse. E, se achasse, o fato era que não tinha visto um posto no trajeto inteiro.

A única possibilidade era seguir em frente na esperança de encontrar um local para reabastecer e comer algo. Meu nível de frustração ia na direção oposta do indicador de combustível.

O objetivo da viagem era *fugir* da frustração. Ora, frustração já não me faltava, com o trabalho, as contas, com a vida como um todo. Não precisava de frustração aqui também; era para ser uma escapada para relaxar e "recarregar as baterias".

Que expressão mais infeliz essa, pensei. *Recarregar minhas baterias. Depletar, recarregar, depletar, recarregar... De jeito nenhum esse pode ser um bom rumo.*

Vinte minutos mais tarde, o sol já se achava completamente abaixo da copa das árvores. A penumbra envolvia resolutamente os campos. A última essência da luz do dia se refletia em rastros de rosa e laranja nas nuvens, embora eu mal notasse o céu, concentrado na pista e em minha desgraçada situação. E ainda nenhum sinal de vida por perto.

Olhei de canto de olho para o indicador de combustível mais uma vez.

— Menos de um quarto de tanque e diminuindo.

A última vez que eu tinha passado uma noite no carro fora nos tempos de faculdade, muitos anos atrás, e não fazia parte dos meus planos reviver a ocasião. Infelizmente, porém, isso estava se afigurando mais provável a cada minuto.

Vou precisar dormir, pensei, para ter energia para caminhar quando o carro ficar sem gasolina.

Quatro

O ponteiro do indicador já estava cutucando o zero quando notei a luz. Vítima da imbecilidade da situação, eu tinha virado à esquerda em um cruzamento poucos quilômetros atrás. Não havia o menor sinal de que essa decisão fosse aumentar minhas chances de encontrar alguém, mas foi o que fiz. Ao menos a placa não estava carcomida: foi o argumento com que me convenci na hora.

— Um ato desesperado que aparentemente será recompensado — falei.

Aproximando-me da luz, percebi que vinha de um poste na rua. Um solitário poste branco lançava sua luz cintilante em uma localidade tão remota que não era no meio do nada, mas no *meio* do meio do nada.

— Vai ter alguma coisa ali, vai ter alguma coisa ali — eu afirmava em mantra conforme percorria os metros em direção ao poste.

E de fato tinha alguma coisa.

Na altura da fonte de luz, saí da estrada e adentrei um estacionamento com chão de terra e cascalho. Para meu espanto, surgiu diante de mim uma pequena construção retangular, pintada de branco. O nome, *Café das Interrogações*, se anunciava num letreiro em néon azul no telhado. Igualmente espantoso foi divisar outros carros no estacionamento.

De onde quer que eles tenham vindo, não foi do mesmo lugar que eu, pensei. Não passei por um único ser nas últimas duas horas.

Saí do carro e alonguei os braços acima da cabeça algumas vezes para dissipar a tensão do corpo.

— Tomara que eles saibam me dizer como eu saio deste lugar que não sei onde é.

Sob o céu de piche a não ser pela meia-lua e pelas milhares de estrelas, caminhei em direção à entrada. Quando abri a porta do café, pequeninos sinos amarrados na maçaneta interna badalaram minha chegada.

Surpreendentemente, fui envolto por uma onda de apetitosos aromas assim que pisei no lado de dentro. Foi só então que me dei conta de que estava faminto.

Não faço ideia do que estão cozinhando, pensei, mas já vou pedir três porções.

Cinco

Por dentro, o café tinha a atmosfera de um antigo vagão-restaurante típico dos Estados Unidos. Banquetas com pé cromado e assento estofado vermelho se alinhavam ao longo de todo o estreito balcão branco. Sob as janelas da frente, havia uma sucessão de sofás vermelhos interpostos por mesas. Sobre as mesas, um recipiente de vidro com açúcar, uma pequena jarra de prata com o que presumi ser leite para o café e um jogo de saleiro e pimenteiro.

Uma antiga caixa registradora repousava em uma mesinha perto da porta, ao lado da qual se via um mancebo de madeira. O restaurante transmitia uma sensação de conforto; era o tipo de lugar que convidava a sentar e conversar por horas e horas com os amigos. Infelizmente, eu não tinha trazido nenhum.

A garçonete interrompeu sua conversa com o casal que ocupava um dos sofás mais ao fundo, sorriu para mim e disse:

— Fique à vontade, sente onde preferir.

Fazendo um esforço para controlar a persistente frustração que havia se estabelecido em mim durante a viagem, tentei retribuir o sorriso e escolhi um sofá próximo à porta. Enquanto me ajeitava, notei que o assento vinílico parecia muito novo. Então percorri o lugar com o olhar e fiquei espantado com o quão novo *tudo* ali parecia.

O dono deve estar prevendo uma grande expansão urbana para construir um café por aqui, no meio do nada, pensei.

Um "olá" interrompeu minhas reflexões sobre bens imobiliários em pechincha e oportunidades de expansão habitacional. Era a garçonete.

— Eu sou a Casey. Como você está?

Fitei-a e respondi:

— Oi, Casey! Eu me chamo John e posso dizer que estou perdido.

— Certamente que sim, John. — Ela abriu um sorriso brincalhão.

Pela maneira como falou, não entendi se estava se referindo ao fato de eu ser o John ou de estar perdido.

— Por que você está aqui, John?

Me detive por um instante.

— Então, eu estava apenas seguindo meu caminho, mas acabei me deparando com uns incidentes. Na tentativa de contorná-los, me perdi completamente. Nesse processo todo, quase fiquei sem gasolina, sem falar que quase morri de fome.

Casey abriu seu sorriso travesso quando terminei minha cantilena de frustração.

— Bem, com a questão da fome eu garanto que a gente pode ajudar; quanto ao resto, veremos.

Ela alcançou um cardápio no suporte próximo à porta e o entregou a mim. Talvez tenha sido a luz, talvez tenha sido o cansaço das horas de viagem, mas tive a clara impressão de que as letras do cardápio se dissolveram e então reapareceram conforme eu as lia. *Nossa, devo estar realmente cansado*, pensei e pousei o cardápio sobre a mesa.

Casey retirou do bolso um pequeno bloco de anotações.

— Que tal beber algo enquanto dá uma olhada no cardápio?

Pedi um copo de água com limão, e ela saiu para prepará-lo.

Aparentemente, a emenda do dia estava saindo bem melhor que o soneto. Primeiro, uma viagem interminável pelo meio do nada, depois um café à beira de lugar nenhum, agora uma garçonete com um sorriso travesso. Peguei o cardápio na mesa e estudei a capa: "Seja bem-vindo ao Café das Interrogações", lia-se na metade de cima da página, e, logo abaixo, em miúdas letras pretas: "Antes de fazer o pedido, por favor consulte nossa equipe a respeito dos possíveis significados de sua estadia conosco".

Espero que signifique que vou comer algo gostoso, pensei comigo mesmo ao abrir o cardápio.

A parte interna continha os típicos sortimentos de um café-restaurante: os itens de café da manhã estavam listados no canto superior esquerdo; os sanduíches, no canto inferior esquerdo; os aperitivos e saladas, no superior direito; as entradas, logo abaixo. A surpresa veio quando olhei a contracapa: ali havia três indagações sob o tópico "Questões para ponderar enquanto você espera":

Por que você está aqui?

Você tem medo da morte?

Você se sente satisfeito?

Que diferente, pensei. *Não é bem como dar uma olhada na seção de esportes.* Ia reler as três questões quando Casey retornou com a água.

— Está tudo bem? — perguntou ela.

Apontei para as três perguntas e depois para o nome do café.

— O que significa tudo isso?

— Cada pessoa tem a sua própria interpretação — Casey respondeu misteriosamente. — E, então, o que você deseja?

Eu não estava pronto para pedir. Para falar a verdade, estava considerando pegar meu casaco e ir embora. Definitivamente havia algo de diferente no lugar, e eu não estava convicto de que era no bom sentido da palavra.

Por isso, procurei ganhar tempo.

— Desculpe, Casey, eu... hum... vou precisar de mais um tempinho.

A garçonete sorriu e encolheu os ombros.

— Certo. Fique à vontade, eu volto daqui a uns minutos. — Ela se virou, porém se deteve e então se voltou novamente para mim. — E, John — falou com outro sorriso —, pode ficar tranquilo, você está em ótimas mãos aqui.

Seis

Casey se dirigiu ao casal sentado na outra extremidade do café. Assim que os alcançou, os três começaram a conversar. Qualquer que fosse o tema, o papo devia estar bom, pois logo eles estavam dando risadas.

— Talvez eu devesse pedir o mesmo que eles — falei comigo mesmo.

Suspirei e olhei ao redor. *Não é como se houvesse opções*, pensei. *Estou quase sem gasolina, não passei por nenhum outro restaurante nos últimos mil quilômetros e, ainda que o lugar seja meio excêntrico, nada de mais estranho aconteceu até agora.*

Esse pensamento me acalmou um pouco. Alguns minutos depois, qualquer preocupação que eu tinha evaporou, pois Casey, que havia deixado a outra mesa e entrado na cozinha, passou por mim com dois pratos de torta.

— Morango com ruibarbo — comentou ao me ver tentando descobrir o conteúdo dos pratos. — A melhor da região. Se eu fosse você, levaria isso em conta na escolha.

— Hmm! — respondi, pego de surpresa.

Torta de morango com ruibarbo era a minha favorita na infância. Quase ninguém faz mais, eu nem lembrava da última vez que tinha comido.

Acho que é um sinal para ficar um pouco mais, pensei. Li o cardápio novamente. À parte as exóticas indagações, as comidas pareciam boas. Me decidi pelo combo de café da manhã, muito embora o horário normal para essa refeição já tivesse passado e muito. Procurei Casey com o olhar, porém ela estava conversando com o casal. Com a decisão tomada, virei o cardápio mais uma vez.

Por que você está aqui?

Uma pergunta um tanto estranha para se fazer a um cliente. Um dono de restaurante deveria saber por que alguém se encontra ali, não? E as pessoas que estão comendo no restaurante, elas sabem por que estão ali, certo?

Por que você está aqui?

O retorno de Casey me afastou dos meus pensamentos.

— E aí, pronto? — perguntou ela, sorridente.

Estava prestes a dizer que sim, mas então lembrei da observação no cardápio para consultar a equipe antes de fazer o pedido.

— Acho que sim — respondi e apontei para a mensagem. — Sobre o que exatamente eu deveria perguntar?

— Ah, isso! — disse Casey, sorrindo mais uma vez.

Eu estava começando a gostar daquele sorriso.

— Com os anos, nós começamos a notar que as pessoas ficavam diferentes depois de passarem um tempo aqui. Isso é uma maneira de deixá-las mais à vontade nessa experiência "existencial". A gente tenta apresentar um pouco do que elas vão encontrar, para não assustar aquelas pessoas que não estão tão prontas para lidar quanto acreditavam estar.

Oi?, foi só o que meu cérebro foi capaz de registrar. Não entendi nada do que ela quis dizer; era sobre comida, o restaurante, sobre outra coisa completamente diferente...?

— Se você quiser — continuou ela —, eu posso passar seu pedido ao cozinheiro e perguntar a ele se tem uma sugestão.

— Será? — respondi hesitante, mais confuso do que antes. — Pode ser. — Apontei para o cardápio. — Vou querer o combo de café da manhã. Sei que o horário do café já passou. É possível pedir ainda?

— É o que você deseja?

Fiz que sim com a cabeça.

— Sendo assim, estou certa de que não será um problema. Até porque estamos mais perto do próximo café da manhã do que do último jantar.

Relanceei meu relógio.

— Está aí uma maneira interessante de ver a questão.

Casey encolheu os ombros:

— Às vezes faz bem olhar para as coisas de uma perspectiva diferente.

Sete

Fiquei observando Casey caminhar até a janela que dava para a cozinha. Só então me dei conta de que havia um homem do lado dela. Pela colher de madeira em sua mão, deduzi que fosse o cozinheiro. Casey se abeirou da janela e falou algo para ele, que se virou para mim e notou que eu o observava. O homem sorriu e acenou.

Respondi com um cumprimento desconcertado, me sentindo um tanto ridículo. Não posso dizer que seja um hábito meu acenar para cozinheiros em restaurantes. Casey e o homem continuaram sua conversa, e eu voltei minha atenção para o cardápio. Logo, estava relendo a primeira questão — *"Por que você está aqui?"*. Casey retornou e se sentou no sofá à minha frente.

— Aquele é o Mike. É o dono, ele que prepara tudo. Falou que vem para te conhecer assim que puder. Perguntei sobre seu pedido, e ele disse que talvez seja muito, mas que acha que você vai aguentar.

Concordei com um gesto de cabeça, sem saber como responder.

— Obrigado. Vocês oferecem um... serviço e tanto.

Ela sorriu.

— Fazemos nosso melhor. — Casey pegou o cardápio que eu estava olhando antes e o desvirou para mostrar a capa. —Só mais uma coisa quanto a isso — falou e apontou para a mensagem sobre consultar a equipe.

— Tem relação com a primeira questão que você não para de ler. — Então, virou o cardápio novamente e o devolveu à mesa, com as indagações a me encararem.

Como ela sabia disso, eu não fazia ideia, e por isso não respondi.

— Sabe, você pode ficar olhando para ela ou, então, você pode alterá-la.

Encarei-a confuso.

— Como assim, alterá-la?

— Ela parece simples, incapaz de afetar o que quer que seja. Já se você modificar algumas poucas letras nessa pergunta, ela muda as coisas.

— Muda? — repeti hesitantemente. — Muda como? Não vou mais poder comer aqui? Vou ter que pedir algo diferente?

— Não — disse ela, balançando lentamente a cabeça —, estou falando de mudanças maiores.

Não sei se foi o que ela falou ou a intensidade em sua voz, mas, em *"mudanças maiores"*, os pelos do meu braço se arrepiaram. Não fazia ideia do que Casey queria dizer, mas ela claramente não estava brincando.

— Não sei se estou entendendo — admiti.

Casey gesticulou para o cardápio.

— Se alterar a pergunta de modo que ela deixe de ser uma indagação dirigida a um outro e passe a ser um questionamento *seu para você mesmo*, você já não será mais a mesma pessoa.

Quê?, pensei. *Não vou ser mais a mesma pessoa? Do que essa mulher está falando?*

Subitamente, fui tomado por uma estranha sensação: a de estar perigosamente próximo da beira de um precipício muito íngreme, a um passo ou da morte imediata, ou da felicidade eterna.

— É mais ou menos disso que estou falando — comentou Casey, que sorriu. — Só que um pouco menos drástico.

Antes que eu perguntasse como ela tinha lido meus pensamentos, Casey falou:

— Posso te mostrar, o que você acha? Assim você não precisa dar o passo para descobrir. — Ela apontou para o cardápio novamente. — Leia a primeira pergunta, mas leia sem tanto interesse, como se visse de relance uma placa na estrada.

Fitei-a com uma expressão confusa.

— Vamos, tente.

Olhei brevemente o cardápio. Para meu espanto, a pergunta lentamente se transformou de "*Por que você está aqui?*" para "*Por que eu estou aqui?*".

Assim que terminei de lê-la, ela retornou à forma anterior.

Cravei os olhos em Casey, depois no cardápio, e em Casey novamente.

— Você viu o que...? — comecei. — O cardápio, ele acabou de...? Como isso é possível?

— Não estou convicta de que você está preparado para ouvir a resposta.

— Como assim? — demandei, a voz um pouco mais aguda. Voltei a olhar para o cardápio, e então para Casey. — Foi você? Foi você que fez as palavras mudarem?

Totalmente confuso com o que estava acontecendo, já não estava certo de que era uma boa ideia permanecer ali para descobrir.

Casey, imperturbada, me encarou.

— John, você viu no que o texto do cardápio se transformou?

— Vi. Era um quando botei os olhos nele, daí mudou *sozinho*, e agora é o mesmo do começo. Por quê? Como?

Casey hesitou.

— Escute o que vou dizer, John. A pergunta que você viu, a pergunta diferente....

— "Por que eu estou aqui?", era essa — interrompi.

Ela anuiu calmamente.

— Certo, essa. Não é uma questão a ser tratada com superficialidade. Você pode apenas olhá-la de relance, mas é quando vai além disso, quando realmente a enxerga e a pergunta a si mesmo, e sobre si mesmo, com sinceridade, que seu mundo se transforma.

— Ela alcançou o cardápio, virou-o e indicou o trecho onde se lia "Antes de fazer o pedido". — Sei que parece um tanto drástico; foi por isso que colocamos a mensagem na frente do cardápio.

Oito

Sentado ali, encarando-a, fui assaltado pelo absurdo da situação: eu me achava em um café, no meio da madrugada, no meio do nada, ouvindo sobre mensagens colocadas na capa do cardápio com o intuito de ajudar os clientes a lidarem com *mudanças em seus mundos*!

Definitivamente, não era um início de férias típico. Mal sabia eu que isso era só o começo do que a noite tinha reservado para mim.

Casey permanecia imperturbada pelo meu embaraço.

— Sabe, John, depois que você verdadeiramente fizer a pergunta que viu, a busca pela resposta vai ser parte de sua existência. Você vai se pegar acordando de manhã com ela na cabeça, ela vai ecoar em seus pensamentos ao longo do dia. E, ainda que não se lembre depois, você também vai pensar muito sobre a pergunta durante o sono. — Ela fez uma pausa. — Veja como um portão: uma vez aberto, ele te chama, te atrai.

Fitei-a com incredulidade.

— Um portão?

Ela fez que sim, e sua voz ficou mais intensa, como antes:

— Depois que você o abre, é *muito* difícil fechá-lo.

Recostei-me no assento para tentar processar uma porção que fosse do que ela estava me dizendo, ou do porquê. Portões, partes da minha existência, chamados... Nada disso fazia o menor sentido para mim.

Uma coisa, porém, estava bem clara. A indagação *"Por que você está aqui?"*, no cardápio, guardava uma intenção muito mais profunda do que eu imaginara ao lê-la pela primeira vez; obviamente, não era uma pergunta sobre o motivo de alguém estar no café.

— Isso mesmo. — Casey interrompeu meus pensamentos. — Não é sobre o café. Ela está indagando por que alguém existe, no sentido mais amplo possível.

Olhei ao redor, embasbacado, ainda mais confuso. *Onde eu me meti?*

Meu olhar pousou em Casey, que simplesmente sorriu, encolheu os ombros e não disse mais nada. Tentei me recompor.

— Olha, Casey, obrigado por me dizer todas essas... coisas. É muito bacana da sua parte. Mas eu só queria comer algo, apenas isso.

— Tem certeza?

— Tenho quase certeza — falei lentamente.

Ela respondeu com um gesto positivo de cabeça.

— E outra — falei para tentar preencher o silêncio constrangedor —, está parecendo que fazer essa pergunta traz muitas consequências. Talvez seja mais prudente não cutucar esse vespeiro. Sabe — acrescentei —, por causa dessa história de portões e coisas atravessando os pensamentos várias vezes...

Casey continuou me encarando, sem dizer palavra.

— Nem sei por que alguém a faria, para ser sincero — precipitei-me. — Eu mesmo nunca perguntei e estou bem.

Ela relanceou o cardápio e voltou a me fitar.

— Está mesmo? — perguntou, finalmente quebrando seu silêncio. — Você está *bem*? — Havia um tom de zombaria benevolente na palavra "bem", como se Casey estivesse me provocando a defini-la. — A maioria das pessoas está *bem*. Porém, algumas buscam algo maior, mais satisfatório do que "bem".

— E por isso elas vêm ao Café das Interrogações? — perguntei com sarcasmo.

— Algumas, sim — respondeu ela num tom sereno. — É por isso que você está aqui?

Desconcertado, não soube responder à pergunta. Não sabia o *que* estava fazendo ali; não sabia muito bem nem o que era aquele lugar.

Se fosse totalmente honesto comigo, teria de admitir que desde uns anos vinha me perguntando se a vida tal como a conhecia era tudo o que havia para viver. Não que ela fosse ruim; era frustrante às vezes, sem dúvida, em especial nos últimos tempos, mas eu tinha um emprego decente, tinha amigos queridos. Minha vida estava indo bem, *sim*, até mais do que bem.

Ainda assim, havia no fundo de mim um sentimento que eu não era capaz de colocar em palavras.

— É esse sentimento que motiva as pessoas a fazerem a pergunta que você viu — interveio Casey.

O comentário me pegou desprevenido, não só porque ela tinha lido meus pensamentos de novo — fato que por si só era bastante desconcertante —, mas porque fui acometido pela sensação de que talvez Casey tivesse razão.

Respirei fundo, demoradamente. A sensação do precipício íngreme voltou com tudo. Algo me disse para dar uma espiada lá embaixo.

— Está bem — falei vacilante. — O que mais eu preciso saber sobre essa pergunta?

Nove

Casey sorriu e assentiu vagarosamente.

— Bem, como falei antes, o ato de fazer essa pergunta abre uma espécie de portão. A mente do indivíduo que a faz, sua alma, ou como quer que você chame, passa a desejar ardentemente a resposta e, até que a obtenha, a questão permanecerá no primeiro plano de sua existência.

Olhei para ela em confusão.

— Você está dizendo que a pessoa que se pergunta "Por que eu estou aqui?" não consegue mais tirar isso da cabeça?

Ela negou.

— Não exatamente. Algumas apenas resvalam na questão, outras até a enxergam, porém a esquecem. — Ela hesitou. — Mas, para aquelas que fazem a pergunta e desejam verdadeiramente, mesmo que lá no fundo, conhecer a resposta, torna-se quase impossível ignorá-la.

Processei sua fala por um instante e então decidi espiar um pouco além da beira do abismo.

— E quem faz a pergunta e encontra a resposta? O que acontece?

Casey sorriu.

— Aí vem a boa notícia, *mas também* o desafio.

— Certo... — respondi hesitante.

Ela se inclinou levemente à frente.

— Como comentei, o ato de fazer a pergunta gera o ímpeto de buscar a resposta. Quando ela é encontrada, uma força igualmente poderosa emerge. Veja, o indivíduo que sabe por que está aqui, por que existe, que conhece o genuíno motivo de estar vivo, esse indivíduo passa a querer realizar, consumar esse motivo.

"Imagine um mapa do tesouro. É como passar a ver onde está o x; depois disso, é difícil ignorá-lo. É difícil não sair em sua busca. Ou seja, quando a pessoa descobre a razão de estar aqui, é ainda mais difícil, não só emocionalmente, mas também fisicamente, não tentar cumpri-la."

Recostei-me na cadeira mais uma vez para tentar dar sentido às palavras de Casey.

— Então as coisas poderiam ficar até piores do que antes? — repliquei após alguns instantes. — Eu bem que falei, talvez seja melhor jamais fazer a pergunta e apenas seguir em frente, manter o gênio na lâmpada, por assim dizer.

Encarando-me, ela concordou.

— Sim, e alguns preferem assim. Cabe à pessoa, quando chega a esse ponto, decidir por si mesma.

Permaneci em silêncio por um tempo, sem saber bem como responder. Meus pensamentos retornaram para o momento, no carro, em que finalmente vi a luz após estar perdido e a animação que me tomou. Agora eu tinha dúvidas.

— É muita coisa para processar — falei por fim.

Casey concordou com um sorriso.

— Sabe aquilo que você sentiu mais cedo? Não é algo que outra pessoa pode mandar você sentir, impor-lhe. Pelo mesmo motivo, se você decidir se afastar desse sentimento, será uma escolha sua e de mais ninguém.

Ficamos quietos por um momento.

— Falando em se afastar — disse Casey, levantando-se —, vou ver a quantas anda seu café da manhã especial.

A intensidade de nossa conversa tinha me feito esquecer da comida. Com o comentário de Casey, me dei conta de novo de que ainda estava em um restaurante e morrendo de fome.

Dez

Minha mente rodopiava enquanto Casey caminhava em direção à cozinha. Encarei o cardápio na mesa e reli a primeira indagação.

Por que você está aqui?

Ela continha um significado muito diferente agora em comparação à primeira vez que eu a lera. Tentei me lembrar das palavras exatas de Casey. *"Ela está indagando por que alguém existe, no sentido mais amplo possível."*

De alguma forma que não sou capaz de explicar bem, senti que algo me impelia a fazer a pergunta que se metamorfoseara diante de mim. Eu lembrava qual era.

Por que eu estou aqui?

Lembrava também dos comentários de Casey a respeito do que isso poderia provocar, as possíveis ramificações.

Tirei os olhos do cardápio e os esfreguei.

— Isso tudo é ridículo — falei para mim mesmo após uma pausa. Peguei o copo de água e observei através da janela a escuridão que se espraiava para além do estacionamento. — Sério, o que eu estou fazendo? Comida, um pouco de gasolina e um lugar para descansar por umas horas: é só isso de que preciso, mais nada.

Virei-me à procura de Casey, que não estava no fundo do restaurante com as outras pessoas. Quando me virei à direita para ver se ela estava na caixa registradora, percebi que Mike, com uma jarra de água nas mãos, se encontrava a centímetros de minha mesa.

— Posso servir? — perguntou ele. — Parece que você está pronto para um pouco mais.

O susto quase me fez derrubar o copo. Ele *não estava ali* um segundo atrás. Me recompus o suficiente para responder:

— Sim, sim, claro.

— Eu sou o Mike — falou enquanto enchia meu copo.

Fiz que sim, ainda tentando me restabelecer. *Como ele tinha se aproximado sem que eu escutasse nada?*

— Muito prazer, Mike. Eu me chamo John.

Ele sorriu.

— Você está bem, John? Você parecia completamente imerso em pensamentos quando cheguei.

— É... Sim. Pode-se dizer que sim.

— Tem certeza de que está tudo bem? — Ele me fitou com mais atenção.

Sem saber o que responder, ergui o cardápio e o virei para mostrar a capa.

— A Casey estava me explicando o que a capa do cardápio quer dizer — falei titubeante. — Eu estava pensando se isso me diz alguma coisa.

Assim que as palavras saíram de minha boca, me dei conta do absurdo delas. Entretanto, Mike não pareceu nada surpreendido, apenas assentiu.

— Sim, essa é dureza. As pessoas podem se deparar com ela nos mais diversos momentos. Há quem compreenda desde criança, há quem só compreenda na velhice e há quem jamais compreenda. — Ele fez uma pausa. — É mais divertido assim.

Mike transmitia uma sensação de profunda calma; parecia um ser que já tinha estado no mundo algumas vezes e retornado mais sábio ao outro lado. Uma impressão estranha de se ter a respeito de alguém que eu acabara de conhecer, eu sei, mas, afinal, tudo no café era estranho.

Hesitei um pouco, sem saber que rumo dar à conversa.

Mike alcançou o cardápio e o virou do avesso, sorrindo.

— E estas, como estão indo?

— Tudo ok — falei lentamente.

— Você não estava se perguntando se...?

Vacilei, mas pensei depois de um instante: *Dane-se, vou perguntar de uma vez.*

— A Casey comentou um pouco sobre o que acontece quando alguém se faz a versão pessoal dessa pergunta. — Apontei para a primeira indagação no cardápio.

Ele respondeu com um gesto de cabeça, nada embaraçado com o rumo que a conversa estava tomando.

— E?

— E uma parte de mim estava imaginando o que a pessoa faz depois disso.

— Depois que faz a pergunta ou depois que encontra a resposta?

Fitei-o em dúvida.

— Os dois, acho. Minha conversa com Casey não chegou a esse ponto; ela me explicou mais ou menos como seria se a pessoa fizesse a pergunta.

Mike anuiu.

— Bem, quanto a encontrar a resposta, eu acredito que não existe um método que funcione igualmente para todas as pessoas. Cada uma encara a vida do seu próprio jeito. — Ele fez uma pausa. — Mas, se você quiser, posso contar algumas técnicas que certas pessoas que conheci usaram para encontrar a resposta *delas*.

Fiz menção de responder, porém não o fiz; me veio à mente que talvez se tornasse inevitável fazer a pergunta se eu tivesse alguma revelação sobre o caminho para a resposta.

— Tem razão — comentou Mike. — É como a Casey provavelmente te falou.

Que ótimo, pensei, *ao que parece ele também lê os pensamentos alheios*.

Não tinha certeza se queria saber como outras pessoas haviam agido — até porque não sabia se queria me meter ou não com a questão.

— E quanto à outra parte? — indaguei de modo a ganhar tempo e alterar o rumo da conversa. — O que faz a pessoa depois que descobre a resposta à questão?

Mike me encarou e abriu um sorriso.

— Vamos fazer o seguinte: vou dar uma olhada no seu pedido, pois tenho a sensação de que ele está quase pronto. É muito importante que tudo saia... no tempo certo.

Olhei confuso para ele, que continuou:

— Não queremos que nada esteja cru, tampouco passado demais.

Concordei como se houvesse compreendido o que ele quis dizer.

Quando Mike se afastou, eu inalei fundo e soltei lentamente o ar. Pelo menos a parte de ganhar tempo tinha dado certo.

Após alguns instantes, Mike retornou da cozinha com uma bandeja cheia de pratos.

— É tudo para mim? — perguntei, indagando-me onde no cardápio estavam os dois parágrafos com a descrição do prato que eu não tinha visto.

Ele anuiu.

— Certamente. Um combo de café da manhã com omelete, torrada, presunto, bacon, frutas do dia, *hash browns*, bolinhos e panquecas.

Olhei ao redor em busca de duas ou três pessoas para compartilharem a comida comigo.

Mike gesticulou para o conjunto de potinhos e recipientes a um lado da bandeja.

— Além disso, temos aqui geleia para a torrada, melaço para as panquecas, mel para os bolinhos e um vinagrete de tomate muito especial para a omelete. — Ele sorriu. — Ainda bem que você está faminto.

— Estou me perguntando se existe alguém faminto a esse ponto — falei, mirando toda aquela comida.

Ele abriu outro sorriso e encolheu os ombros.

— Você nem imagina, John. Às vezes a gente não se dá conta do quão preparados estamos para algo que nos sacie. — Mike transferiu os itens da bandeja para minha mesa e então me encarou. — John, preciso dar uma palavrinha com aquele casal do fundo. Se você quiser, volto daqui a pouco para continuarmos nosso papo.

Encarei os vários pratos diante de mim.

— Claro, sem problema.

Onze

Já tinha comido boa parte da omelete, da torrada e das frutas quando Casey apareceu.

— Como estão as coisas por aqui, John?

Terminei de mastigar a mais recente garfada.

— Tudo bem. Tudo ótimo, na verdade; a comida está deliciosa.

— Você parece mais animado.

E estava mesmo. O esmagador sentimento de frustração que me dominava quando entrei no café havia desaparecido quase por completo.

— Prefere que eu te deixe sozinho para terminar a refeição, ou quer companhia? — perguntou Casey.

— Quero companhia, sem dúvida. — Detive-me por um instante e então falei vacilante: — Acho que eu gostaria de continuar nosso papo de antes. Fiquei pensando nele e me vieram algumas questões.

Casey sorriu e deslizou para o sofá.

— Certo.

Alcancei o cardápio na beirada da mesa e o puxei até que ficasse entre nós.

— Isso aqui. — Apontei para as perguntas. — Vamos supor que a pessoa se pergunte por que está aqui e em algum momento descubra a resposta... E aí?

Casey permaneceu em silêncio por um tempo.

— Em primeiro lugar, ela pode fazer o que bem entender com a resposta. Ela descobriu, é dela, assim como é dela a última palavra acerca do que vai acontecer a partir daí. — A garçonete me fitou nos olhos. — O que você acha que ela deve fazer?

Pensei por um instante.

— Imagino que, a partir do momento em que compreende o motivo por que está aqui, a pessoa vai querer concretizá-lo. Só não sei como se faz isso.

Examinando Casey, tive a impressão de que ela sabia de algo, porém estava esperando que eu descobrisse por conta própria.

— É uma questão individual — falou ela após um tempo.

Fitei-a nos olhos.

— Uma dica, que tal?

— Talvez um exemplo possa ajudar. Digamos que você queira se tornar um artista em seu tempo livre. Que tipo de arte você produziria?

Refleti brevemente.

— Não sei, depende do tipo de artista que eu seria. Acho que criaria o que me desse vontade. — Esperei pelo comentário dela, mas, como ele não veio, ponderei melhor minha resposta. — É simples assim? Depois que a pessoa descobre por que está aqui, ela faz o que bem entende para cumprir seu propósito?

Assim que enunciei as palavras, um alvoroço me percorreu de cima a baixo, como se meu corpo estivesse corroborando uma nova descoberta — uma descoberta singular e importante, ainda que me parecesse elementar demais para ser verdadeira. *Para cumprir seu propósito aqui, basta fazer o que você deseja fazer.*

— Digamos que minha razão de ser seja ajudar outras pessoas; isso significa que eu devo fazer o que quiser contanto que esteja de acordo com minha definição de ajudar os outros? — indaguei empolgado, me aclimatando ao conceito.

— Exato. A sua ideia de ajudar os outros passa por ser um profissional da área médica? Seja. A sua ideia de ajudar os outros é construir abrigos em uma região desamparada? Construa. Talvez a sua maneira de ajudar seja se tornar um contador para auxiliar as pessoas com a declaração de impostos. Torne-se.

Minha mente começou a girar levemente. Nunca tinha pensado nesses termos; a maioria das minhas decisões ao longo da vida tinha sido tomada em reação a conselhos de parentes, pressões culturais, opiniões de outras pessoas, coisas assim. Mas isso era muito diferente.

— E se eu estiver aqui para sentir na pele o que é ser um milionário? — perguntei.

— Pois faça o que for conveniente à sua definição de "ser um milionário". Se ser um milionário é interagir com milionários, interaja. É trabalhar até juntar um milhão? Vá em frente. Como nos exemplos anteriores, a escolha sempre cabe a você.

— *Ser um milionário...* — repeti, cada vez mais agitado. — Não me parece nada mau. Eu poderia comprar uns carros, umas duas ou três casas...

Casey assumiu um tom sereno:

— Tudo isso é ótimo. A minha única pergunta é: esse é o motivo pelo qual você está aqui?

A indagação fez minha cabeça parar de dar voltas.

— Não sei.

Ela anuiu.

— Eu e o Mike costumamos usar um acrônimo; tem a ver com a questão que você viu rapidamente antes.

Fitei o cardápio.

Por que você está aqui?

Atônito, vi as palavras se transformarem em *"Por que eu estou aqui?"*.

Voltei o olhar para Casey, que sorriu e continuou:

— A pessoa que conhece sua razão de estar aqui é uma pessoa que identificou seu "Propósito Para Existir". A gente diz PPE, para facilitar. Ao longo da vida, essa pessoa pode descobrir dez, vinte ou mesmo centenas de coisas que satisfaçam seu Propósito Para Existir. Se você quer saber, nossos clientes mais realizados são aqueles que, mais do que *conhecerem* seu

PPE, se permitem experimentar qualquer atividade que possa ajudá-los a alcançar esse propósito.

— E os clientes menos satisfeitos? — perguntei um tanto receoso.

— Eles fazem um monte de coisas também — falou tranquilamente Casey.

Não respondi esperando que ela continuasse. O que ela não fez. Então compreendi.

— Eles fazem um monte de coisas que não têm relação com seu PPE, é isso?

Casey confirmou.

Permaneci em silêncio por um tempo, refletindo.

— Ao mesmo tempo que parece tão simples, é confuso pra caramba.

— Como assim?

— Não sei explicar. A mera ideia de tentar descobrir que tipo de coisa me ajudaria a realizar meu PPE é um tanto intimidadora. Não sei nem por onde começar.

Ela respondeu com uma pergunta, o que, passei a perceber, fazia com bastante frequência.

— John, vamos supor que você chegue à conclusão de que seu Propósito Para Existir é fabricar carros esportivos. O que você faria para satisfazer esse PPE?

Pensei um pouco.

— Acho que leria tudo o que pudesse sobre carros esportivos. Talvez visitasse uma fábrica, ou tentasse entrar em contato com alguém que já trabalhou com isso, para ouvir dicas e conselhos. Acho que tentaria arranjar um emprego num lugar que projeta ou monta carros assim.

Ela concordou.

— Você se restringiria a um único lugar? Falaria com uma única pessoa?

Mais uma vez, precisei refletir por alguns instantes.

— Não. Se eu realmente quisesse aprender sobre fabricação de carros esportivos, visitaria vários lugares e conversaria com diferentes pessoas, pois assim teria uma visão mais ampla. — Encarei-a e encolhi os ombros. — Talvez não seja tão intimidador quanto me pareceu antes. Tentar conhecer o que satisfaria meu Propósito Para Existir talvez seja uma simples questão de explorar e de me abrir para diferentes pessoas e coisas.

— Exatamente. Nós somos limitados por nossas experiências e conhecimentos atuais. O ponto central aqui é a palavra *atuais*. Mais do que em qualquer outro momento da história da humanidade, temos acesso a informações, pessoas, culturas e experiências dos vários cantos do mundo. Os limites para um indivíduo descobrir o que vai cumprir seu PPE não têm a ver com acessibilidade, mas são as limitações que ele próprio impõe a si mesmo.

Concordei.

— Você está certa, você está certíssima. E agora estou pensando que não faço uso dessa acessibilidade tanto quanto poderia. Tenho a impressão de que gasto meu tempo fazendo a mesma coisa dia após dia.

— E por quê?

Examinei o cardápio.

Por que você está aqui?

— Talvez porque não saiba a resposta — falei apontando para a primeira indagação. — Como não sei exatamente o motivo por que estou aqui, nem o que gostaria de fazer, eu simplesmente faço o mesmo que a maioria das pessoas.

Casey não respondeu de imediato. Após um tempo, ela me olhou nos olhos.

— Pela sua experiência, "fazer o mesmo que a maioria das pessoas" tem ajudado a cumprir *seu* Propósito Para Existir?

Doze

A pergunta de Casey me provocou um turbilhão de pensamentos. *Fazer o mesmo que a maioria das pessoas era uma maneira de satisfazer meu Propósito Para Existir?* Antes que eu respondesse, ela continuou:

— Você já viu uma tartaruga marinha, John?

— Uma tartaruga marinha?

— Isso. Mais especificamente, uma grande tartaruga marinha cheia de manchinhas nas nadadeiras e na cabeça.

— Já vi fotos, por quê?

— Por mais estranho que pareça, foi com uma enorme tartaruga marinha que tive um dos mais importantes aprendizados sobre minhas escolhas diárias.

— O que ela te contou? — perguntei, incapaz de conter um sorriso.

— O curioso — falou ela, sorrindo também — é que ela não me contou nada e ainda assim me ensinou muito. Eu estava praticando mergulho nos mares do Havaí. O dia até ali tinha sido espetacular, eu vira uma moreia cheia de pintinhas roxas e também um polvo, ambos pela primeira vez na vida. Isso sem falar nos milhares de peixes, de todas as cores imagináveis, desde um fascinante azul-néon até os mais incríveis tons de vermelho...

"Estava mergulhando em um trecho cheio de enormes estruturas rochosas, a uns trinta metros da praia. Em dado momento, quando olhei para o lado, vi uma grande tartaruga marinha. Fiquei boquiaberta, pois era a primeira vez que via uma assim, na natureza. Subi até a superfície, desobstruí o *snorkel* e me coloquei a boiar e observar a tartaruga.

"Ela estava bem abaixo de mim, se deslocando na direção oposta à praia. Decidi segui-la por um tempo ali da superfície mesmo. E me surpreendi porque, embora ela parecesse se mover muito devagar, batendo as nadadeiras de quando em quando ou então se deixando levar pela correnteza, eu não conseguia acompanhar seu ritmo.

"Eu estava com pés de pato que me ajudavam a me propelir na água, não estava vestindo colete nem nada que me contivesse, e mesmo assim ela se distanciava cada vez mais, apesar do meu esforço.

"Depois de uns dez minutos, perdi-a de vista. Cansada, desapontada e um tanto humilhada por não conseguir acompanhar o ritmo de uma tartaruga, dei meia-volta e retornei à praia.

"No dia seguinte, nadei até o mesmo trecho na esperança de ver outras tartarugas. Não demorou meia hora e me deparei com um cardume de peixinhos amarelos e pretos acompanhado por uma tartaruga marinha. Fiquei observando-a nadar pelos bancos de corais.

"Então, ela começou a nadar para longe da praia, e eu tentei segui-la. Como da outra vez, fiquei atônita com minha incapacidade de acompanhá-la. Quando percebi que ela estava se afastando muito, parei de bater os pés e apenas me deixei flutuar, ainda observando a tartaruga. Foi aí que ela me ensinou a importante lição de vida."

Casey parou de falar e ficou me encarando.

— Casey, você não pode simplesmente terminar a história aí — falei, fingindo irritação. — O que ela te ensinou?

Sorrindo, Casey disse:

— Pensei que você não acreditasse na capacidade das tartarugas marinhas de contar coisas.

Devolvi o sorriso.

— Permaneço cético quanto à parte do *contar*, mas, pelo rumo que a história está tomando, estou começando a aceitar a possibilidade de elas transmitirem aprendizados. O que aconteceu?

Ela fez que sim.

— Pois bem, enquanto flutuava na superfície, tive uma compreensão. Para nadar, a tartaruga criava um vínculo entre seus próprios movimentos e os da água. Sempre que uma onda vinha de encontro a ela, a tartaruga apenas se deixava planar na água, quando muito, batia as nadadeiras para se manter na posição.

Já quando a onda vinha a seu encontro, ela nadava velozmente, para assim tirar vantagem do movimento da água.

"A tartaruga não brigava contra as ondas. Ela as usava a seu favor, sempre. Já eu não parava de bater os pés, não importava o curso da água. Num primeiro momento, isso era o suficiente para acompanhá-la, em alguns momentos eu até tinha que diminuir o ritmo dos meus pés.

"No entanto, com o tempo, essa luta contra as ondas que vinham de encontro a mim ia me cansando e, como resultado, não me restava energia para aproveitar quando elas recuavam.

"Conforme as ondas iam e vinham, uma após a outra, eu ficava cada vez mais fatigada e cada vez menos eficaz, diferentemente da tartaruga, que estava sempre usando os movimentos da água para otimizar os seus próprios. Era assim que ela nadava mais rápido do que eu."

— Casey — falei — estou começando a dar o devido valor a uma boa história de tartaruga...

— De tartaruga marinha— interrompeu ela, com um sorriso.

— Desculpe, *de tartaruga marinha*. Acho que gosto de boas *histórias de tartaruga marinha* tanto quanto qualquer pessoa normal. Até mais, na verdade, porque sou apaixonado pelo mar. — Fiz uma pausa. — Mas ainda não entendi exatamente a relação com as escolhas das pessoas pelas coisas que vão satisfazê-las.

Casey balançou vagarosamente a cabeça.

— Poxa, eu esperava mais de você — falou e abriu outro sorriso.

Revirei os olhos para o tom de ironia.

— Justo. Preciso de uns minutos.

Treze

Meditei bastante sobre a história da tartaruga marinha.

— Você disse antes — comecei — que, quando a pessoa sabe por que está aqui, ou seja, quando sabe seu PPE, passa a dedicar seu tempo a coisas que vão ajudá-la a cumprir esse propósito. Você também comentou que as pessoas que não entendem seu PPE gastam tempo com muitas atividades. Posso deduzir que elas gastam tempo com coisas que *não* as ajudam a realizar seu PPE.

Casey concordou.

— Quantas reflexões! E pressinto um grande insight a caminho.

— Claro que pressente — retruquei, rindo de seu deboche. — Acho que a tartaruga, a tartaruga marinha, digo, te ensinou que, se não estiver em sintonia com o que deseja fazer, você vai acabar desperdiçando sua energia com um monte de outras coisas. Com isso, quando surgirem em seu caminho oportunidades de *fazer* o que de fato deseja, talvez não lhe restem nem tempo nem forças para tanto.

— Muito bom. E não pense que me passou despercebida a ressalva da "tartaruga marinha", em vez de "tartaruga". — Ela se calou por um instante e assumiu uma expressão mais séria. — Foi um momento realmente importante para mim, um daqueles estalos que a gente tem na vida.

"Todo dia tem um punhado de seres te persuadindo a gastar seu tempo e sua energia com eles. Pense na sua caixa de correspondência, ou na sua caixa de entrada do e-mail: se você se envolver em cada atividade, em cada oferta de produto ou serviço de que for notificado, não vai sobrar qualquer tempo livre. E estamos falando apenas de correspondências e e-mails. Some a isso os seres que querem capturar sua atenção com tempo de televisão, atividades online, novos restaurantes, destinos turísticos... — Ela fez uma pausa.

— Você logo vai estar vivendo uma mera compilação do que outras pessoas vivem, ou do que elas *querem* que você faça.

"Quando retornei à praia depois de passar um tempão observando a tartaruga naquele segundo dia, minha cabeça estava cheia de insights, então sentei na canga e comecei a escrevê-los num diário. Me dei conta de que, na minha vida, as ondas que vinham de encontro a mim eram as pessoas, atividades e demais coisas que estão sempre tentando capturar minha atenção, minha energia e meu tempo e que *não* têm ligação com meu PPE.

"Já as ondas que vêm ao meu encontro são as pessoas, atividades e coisas capazes de me *ajudar* a cumprir meu PPE. A questão é: quanto mais tempo e energia eu gasto nas ondas que vêm contra mim, menos tempo tenho para as ondas que me levam.

"Quando coloquei as coisas nesses termos, uma nova perspectiva se abriu. Passei a ser muito mais criteriosa acerca das razões que me faziam 'pôr os pés na água' e do quanto eu estava disposta a fazê-lo."

Concordei com um lento gesto de cabeça enquanto refletia sobre a história que ela me contara e sobre como eu gastava meu tempo no dia a dia.

— Muito interessante — comentei. — Entendo agora o que você quis dizer quando disse que aprendeu com uma tartaruga marinha.

Casey sorriu e se levantou.

— Eu sabia que você entenderia. — Ela gesticulou para os pratos de comida. — Mas acho que estou atrapalhando seu café da manhã. Vou deixá-lo se ocupar disso por enquanto; volto logo mais para saber como você está.

Um pensamento repentino cruzou minha mente.

— Casey, me empresta sua caneta e uma folha de papel, por favor?

— Claro. — Ela retirou a caneta do bolso do avental, arrancou uma folha do bloco de anotações e as colocou sobre a mesa. Então piscou para mim e disse: — Você vai se surpreender com a resposta.

— Como você sabia que... — comecei a perguntar, porém ela já estava a meio caminho da cozinha.

Peguei a caneta e passei a anotar algumas cifras no papel. Expectativa média de vida de setenta e oito anos... tinha vinte e dois quando me formei na faculdade... dezesseis horas acordado por dia... vinte minutos diários gastos com correspondência e e-mail...

Ao fim dos cálculos, não quis acreditar na resposta. Refiz as contas. Mesmo resultado.

Casey não estava mentindo sobre o impacto das ondas que vêm de encontro a nós. Se, da minha graduação até os setenta e oito anos de idade, eu passasse meros vinte minutos por dia abrindo e lendo correspondências e e-mails sem importância, gastaria mais do que um ano de vida só nisso.

Refiz as contas uma terceira vez. Era isso mesmo.

— E aí? — Era Casey, que se deteve enquanto se dirigia ao fundo do café após me ver encarando o papel.

— Você tinha razão — respondi. — Estou surpreso. Sendo bem sincero, acho que passei do ponto da surpresa e estou à beira do choque. Você já se deu conta de que somente com correspondências e e-mails inúteis a gente perde um ano da vida?

Ela sorriu.

— Nem todas as correspondências e e-mails são inúteis, John.

— Sim, eu sei, mas uma grande parte é. E estamos falando de apenas um item. Eu estava aqui pensando nas outras ondas que vêm de encontro a mim e que diariamente tomam meu tempo e minha energia. Quantos minutos eu gasto *com elas*?!

— Dá pano para manga mesmo. Agora você entende por que fui tão afetada por minha experiência com a tartaruga marinha.

Catorze

Casey seguiu seu caminho até a outra ponta do café, e eu comecei a me encarregar da panqueca — tão deliciosa quanto os outros itens até então. Enquanto comia, pensava sobre as conversas com ela e com Mike; não haviam sido as típicas conversas que se tem em um café. Por que você está aqui? O que você faz a partir do momento em que sabe por que está aqui? Que aprendizados pode tirar de uma tartaruga marinha?

Uns minutos depois, estava me havendo com o restante das frutas, e Mike apareceu.

— Como está a comida, John?

— Formidável! Que lugar vocês têm aqui! Sabe, vocês deviam pensar em abrir franquia, ficariam ricos.

Mike sorriu.

— Quem disse que eu já não sou?

— Se fosse, você não estaria trabalhando aq... — Ainda tentei me interromper, porém era tarde demais. Ofereci-lhe uma expressão de arrependimento. —

Me perdoe, Mike, não quis dizer que aqui não é bom. Eu quis dizer que... Na verdade, não sei bem o que quis dizer.

— Não se preocupe. Já ouvi isso mais de uma vez.

— Ele me fitou. — Você conhece a história do empresário que conheceu um pescador durante uma viagem de férias?

Neguei com um gesto de cabeça.

— Acho que não.

— Gostaria de ouvir? Tem a ver com seu comentário sobre franquias.

— Claro! — Gesticulei para o sofá à minha frente.

— Por favor, sente-se.

Mike assentiu e se acomodou.

— Bem, conta a história que um empresário saiu de férias para se afastar de tudo, para "recarregar as baterias", por assim dizer. Viajou para um local remoto, hospedou-se em um pequeno povoado. Após alguns dias prestando atenção nas pessoas da comunidade, ele notou um pescador em particular que parecia ser a mais feliz e satisfeita daquelas pessoas. Com a curiosidade aguçada, o empresário abordou o pescador e lhe perguntou como era sua rotina.

"O homem então contou que todos os dias pela manhã tomava café com a esposa e os filhos. Depois que estes iam para a escola, ele saía para pescar, enquanto a mulher ficava em casa pintando. Após pescar por algumas horas, com o suficiente para as refeições da família, ele retornava e tirava um cochilo. Por fim, depois do jantar, ele e a esposa faziam uma caminhada na praia e admiravam o pôr do sol enquanto os filhos brincavam na água.

"O empresário ficou estupefato. 'Você faz isso todos os dias?', perguntou.

"'Quase todos, sim', respondeu o pescador. 'Às vezes fazemos outras coisas, mas em geral esta é a minha vida.'

"'E você sempre consegue apanhar peixes?'

"'Sim, o mar é cheio deles.'

"'Você seria capaz de pescar mais do que a quantidade que leva para casa?'

"O pescador o fitou com um sorriso e falou: 'Com certeza, eu normalmente pesco muito mais, porém os solto de volta no mar. Pescar é o meu prazer'.

"'E por que você não passa o dia no barco, para pescar a maior quantidade possível?', indagou o empresário. 'Você poderia vender o excedente e lucrar um bom dinheiro. Após algum tempo, poderia comprar um segundo barco, depois um terceiro, e os pescadores desses barcos apanhariam muitos peixes cada um. Em poucos anos, você já teria aberto um escritório em algum centro urbano. Sou capaz de apostar que em menos de dez anos seria possível erguer uma distribuidora internacional de pescados.'

"O pescador sorriu novamente para o empresário. 'E por que eu faria tudo isso?'

"'Pelo dinheiro, claro', respondeu o outro. 'Assim você juntaria muito dinheiro para curtir a aposentadoria.'

"'E como eu curtiria a aposentadoria?', indagou o pescador, sempre sorridente.

"'Como bem entendesse, imagino.'

"'Talvez tomando café da manhã com minha família todos os dias?'

"'Sim, por que não?', falou o empresário, ligeiramente irritado pela falta de empolgação do pescador com a ideia.

"'Você está me dizendo que, se quisesse, considerando que gosto tanto de pescar, eu poderia passar umas horas do dia pescando?'

"'Não vejo por que não. Talvez já não houvesse tantos peixes, mas certamente haveria o suficiente para isso.'

"'E passar as tardes com minha esposa, caminhar na praia e admirar o pôr do sol enquanto nossos filhos brincam no mar?'

"'Claro, se é o que você quer, embora até lá seus filhos provavelmente serão adultos.'

"O pescador abriu outro sorriso para o homem, cumprimentou-o com um aperto de mão e lhe desejou boa sorte em sua empreitada de se recarregar."

Após concluir a história, Mike me encarou.

— O que você acha, John?

Fiquei em silêncio por um instante.

— Acho que me assemelho mais ao empresário, trabalhando a maior parte do tempo para juntar dinheiro para a aposentadoria.

Mike anuiu.

— Eu costumava ser assim, até que um dia me dei conta de algo muito importante. Na minha cabeça, a aposentadoria seria esse período no futuro em que eu teria dinheiro para fazer o que quisesse, ou seja, estaria desimpedido para fazer minhas atividades favoritas, para viver cada dia de um modo muito significativo.

"Aí, certa tarde, após um dia especialmente insatisfatório no trabalho, cheguei à conclusão de que tinha de haver uma alternativa melhor. Com o tempo, fui entendendo que, por alguma razão, eu havia desenvolvido uma impressão errônea de como as coisas *poderiam* ser. Por mais que pareça um contrassenso se enganar com algo tão simples, eu me enganei."

Olhei nos olhos de Mike.

— O que você compreendeu?

— Que, para mim, cada dia é uma oportunidade de realizar a resposta para a questão que você entreviu no verso do cardápio. Cada dia é uma chance de fazer o que desejo. Não preciso esperar até a aposentadoria.

Pousei o garfo na mesa e me recostei no sofá, um tanto surpreso com a simplicidade daquela fala.

— Parece tão fácil. Se é tão fácil assim, o que impede todo mundo de passar mais tempo fazendo as coisas que deseja?

Mike sorriu.

— Infelizmente, não posso responder por todo mundo. Você tem passado bastante tempo fazendo o que deseja?

Não era o rumo que eu imaginava para a conversa; esperava que Mike desse continuidade a seu discurso, o qual eu escutaria passivamente. Refleti por alguns instantes sobre a pergunta.

— Não, não posso dizer que tenho.

— E por que não?

Mais um passo em direção ao caminho que eu não tinha previsto. Dei de ombros e falei:

— Honestamente, não sei. Eu não tinha convicção do que queria estudar quando comecei a faculdade. Acabei me decidindo por um curso que achava bacana, e muita gente falava que naquela área era fácil arranjar emprego depois de formado. Assim que terminei a faculdade, comecei a trabalhar, e meu foco passou a ser cada vez mais o dinheiro. Com o tempo, passei a ganhar um salário bem decente e acho que simplesmente me moldei a essa realidade. — Detive-me por um instante, então apontei para o cardápio.

— Acho que nunca pensei sobre essa questão. Não até hoje.

Mike anuiu.

— Como comentei, é muito curioso como cada pessoa se dá conta em seu próprio tempo, e a seu próprio modo.

Balancei levemente a cabeça.

— Que loucura isso.

— O quê?

— Isso que estamos falando. O que nos leva a gastar tanto tempo nos preparando para um futuro em que poderemos fazer as coisas que quisermos, em vez de fazê-las agora?

Mike concordou com um gesto lento.

— Tem alguém aqui hoje que talvez possa te ajudar a responder a essa indagação.

— Quem?

— Espere um instantinho. — Mike se levantou e caminhou até Casey, que conversava com os outros clientes.

Eu não escutei o que diziam, porém, passados alguns instantes, a mulher se levantou e, acompanhada de Mike, veio em minha direção.

Quinze

Quando os dois chegaram à minha mesa, Mike me apresentou a mulher que o acompanhava.

— John, gostaria de lhe apresentar uma amiga, a Anne. — Ele se virou para ela. — Este é o John; é a primeira vez dele aqui no café.

Levantei-me e cumprimentei Anne com um aperto de mão.

— Muito prazer — falei. — Posso deduzir da fala do Mike que você vem aqui com frequência?

Ela sorriu.

— De vez em quando. É aquele tipo de lugar que parece se materializar na sua frente quando você mais precisa.

— Estou começando a perceber isso mesmo.

— Eu e o John estávamos conversando sobre um de seus temas favoritos, Anne, e me ocorreu que talvez você pudesse nos dar sua opinião de especialista.

Ela deu risada.

— Não garanto a parte do especialista, mas garanto que opiniões não me faltam. Sobre o que vocês estavam falando?

— O John estava se perguntando por que gastamos boa parte da vida nos preparando para um futuro em que finalmente poderemos fazer o que quisermos, em vez de simplesmente viver a vida agora, no presente.

— De fato, é um dos meus temas favoritos — disse ela, com outra risada.

A risada de Anne era contagiante; imediatamente criei simpatia pela mulher.

— Sente-se, Anne, eu adoraria saber o que você pensa. Você também, Mike, se não estiver ocupado.

Assim que nós três nos acomodamos, Mike comentou:

— Antes, deixe-me contar um pouco sobre a Anne. Ela é pós-graduada pela mais renomada faculdade de marketing do mundo e por muitos anos foi uma das mais aclamadas diretoras do setor publicitário.

— Uau! — exclamei. — Impressionante.

— Não necessariamente — disse Anne, sorrindo —, mas é uma contextualização necessária. — Ela parou e me fitou. — John, você costuma ver TV, ler revistas, navegar na internet, escutar rádio, essas coisas?

— Certamente, por quê?

— Uma parte da resposta para a sua indagação sobre o tempo que gastamos nos preparando para fazer as coisas que desejamos, em vez de simplesmente fazê-las, está contida nas mensagens que nos são lançadas dia após dia. Não é de hoje que os publicitários compreendem que, identificando corretamente os medos das pessoas, o desejo delas de completude, eles podem motivá-las a fazer algumas coisas. Ou seja, atiçando o medo certo, ou o desejo certo, é possível convencê-las a comprar determinado produto ou a usar determinado serviço.

Fitei-a com uma expressão confusa.

— Você poderia dar um exemplo?

— Você já viu ou ouviu alguma propaganda cujo conteúdo inteiro se voltava a fazer você se sentir feliz ou seguro? Em que a mensagem fosse algo do tipo: "Se você comprar este produto, sua vida será melhor"?

— Sim, suponho que sim.

— Costuma ser sutil. A maioria das marcas não diz isso de maneira explícita. Mas quem tem o olhar treinado, ou quem está envolvido há muitos anos com criação publicitária, percebe logo. O intuito dessas mensagens é te convencer de que, por meio daquele produto ou serviço em particular, você vai alcançar a satisfação.

"Por exemplo, dirigir *este* modelo de automóvel trará sentido a sua vida; tomar *aquela* marca de sorvete trará felicidade; possuir *este* tipo de diamante conferirá satisfação.

"E escute, pois isso é muito importante. Há outra mensagem sendo transmitida, esta ainda mais sutil e ainda mais poderosa: não é apenas que esses produtos vão *permitir* que você alcance a satisfação uma vez que os tenha, mas, se *não* os tiver, você estará *impedido* de alcançá-la."

Encarei-a com curiosidade.

— Você está sugerindo que as pessoas deixem de comprar? Me parece um tanto implausível.

Ela delicadamente fez que não.

— Não, não me entenda mal. Não estou dizendo para não comprar carro, não tomar sorvete ou não ir ao shopping. Pelo contrário, sou uma grande defensora da ideia de que cada pessoa deve fazer o que bem entender da própria vida. Mas você me perguntou por que gastamos tanto tempo nos preparando para a vida que desejamos em vez de simplesmente vivê-la e parte da resposta é que, se não tomarmos cuidado, podemos nos tornar vulneráveis às incontáveis propagandas com que somos bombardeados diariamente, crentes de que a solução para a felicidade ou para a satisfação reside em algum produto ou serviço. — Ela encolheu os ombros. — Com o tempo, esse comportamento pode nos colocar em uma posição na qual *precisamos* continuar fazendo coisas que não são as que queremos.

Olhei-a com uma expressão de indagação.

— Não sei se estou entendendo.

— Vou dar um exemplo bem geral. Tenha em mente que ele não se aplica a todas as pessoas, mas talvez ajude a explicar o que conversamos até aqui.

Dezesseis

— Desde muito novos, somos expostos a propagandas que trazem implicitamente a mensagem de que a satisfação é obtida das *coisas* — começou Anne. — E, aí, o que fazemos?

Encolhi os ombros.

— Compramos algumas dessas coisas para descobrir se as propagandas estão certas, imagino.

— Precisamente. A questão é que, para comprá-las, nós precisamos do quê?

Encolhi os ombros outra vez.

— Dinheiro?

— Correto de novo. Para solucionar esse impasse, arrumamos um emprego. Talvez não seja o emprego dos sonhos, talvez aquele expediente não seja exatamente a maneira como gostaríamos de passar tantas horas da vida, porém, ainda assim aceitamos o trabalho para sermos capazes de pagar por aquilo que desejamos comprar. Dizemos para nós mesmos que é apenas por um tempo, que em breve estaremos fazendo outra coisa, mais próxima do que de fato queremos.

"O problema é que, como esse trabalho não é satisfatório, e como passamos muito tempo nele, vamos nos sentindo cada vez mais insatisfeitos. Ao mesmo tempo, somos rodeados de pessoas dizendo que não veem a hora de chegar o dia, no futuro, em que vão se aposentar e *aí sim* fazer o que gostariam.

"Sem nos darmos conta, nós também passamos a imaginar esse ponto futuro quase místico, um tempo no qual não seremos obrigados a trabalhar, em que poderemos viver a vida tal como queremos.

"Só que, nesse meio-tempo, para compensar o fato de que *não estamos* ocupando os dias como gostaríamos, compramos mais e mais coisas, com a esperança, ainda que longínqua, de que as propagandas estejam certas em sua mensagem, isto é, de que aqueles itens nos trarão a satisfação que não obtemos da vida cotidiana.

"Infelizmente, porém, quanto mais compramos, mais boletos acumulamos, de modo que somos obrigados a passar mais tempo trabalhando para pagá-los. E, uma vez que esse tempo no trabalho não é exatamente a maneira como gostaríamos de passar a vida, o resultado é uma sensação crescente de insatisfação. Perceba: agora nos restou *ainda menos* tempo para fazer o que queríamos."

— E aí compramos mais coisas — falei. — Acho que entendi aonde você quer chegar. Não me parece um ciclo muito virtuoso.

— Virtuoso ou não, o que acaba acontecendo é que as pessoas se dedicam por muito tempo a atividades que não necessariamente satisfazem seu PPE, sempre depositando sua expectativa no futuro, em um tempo no qual não mais precisarão trabalhar e finalmente poderão fazer o que verdadeiramente desejam.

Depois que Anne terminou de falar, nós três permanecemos em silêncio.

— Uau — falei após um tempo. — Eu nunca tinha pensado dessa forma. — Meu olhar passou de Anne para Mike, então para Anne novamente. — Você está mesmo convencida disso tudo que falou?

Os dois caíram na risada.

— John, da mesma forma que você não deve simplesmente aceitar o que dizem as propagandas, mas ficar atento à verdadeira mensagem por trás delas, não quero que concorde passivamente comigo — falou Anne. — A Casey comentou que você estava falando da oportunidade que todos temos de nos abrir às coisas, de alcançar uma visão mais ampla desse mundão que nos rodeia.

Confirmei com um gesto de cabeça.

— O que eu falei é apenas a minha opinião; agora que a conhece, você pode observar o mundo à sua volta e verificar se ela faz todo sentido, algum sentido ou nenhum.

Dezessete

Meditei por um tempo a respeito do que Anne havia dito, então a encarei.

— Você entrou naquele ciclo? Do exemplo que deu?

— Infelizmente, sim. Hoje dou risada, mas na época não teve nada de engraçado. Eu estava muito infeliz, sentia que havia perdido o controle sobre minha vida.

— Como assim?

Ela pensou um pouco.

— Naquele tempo, eu tinha uma postura em relação à vida que considerava extremamente racional. Dizia para mim mesma: "Trabalhei o fim de semana inteiro, mereço me presentear com uma nova roupa, um novo eletrônico, um novo objeto de decoração para a casa". — Ela me fitou. — Só que eu não tinha tempo para usar aquilo que tinha comprado para me regalar, já que estava sempre trabalhando. As pessoas que me visitavam eram só elogios, mas eu mesma quase nunca estava lá para desfrutar.

"Certa noite, depois de quitar uma porção de boletos que, como os anteriores, iriam consumir a maior parte do meu salário, deitei a cabeça no travesseiro e encarei o teto. Estava à beira de me desfazer em lágrimas. A vida estava passando, eu a estava desperdiçando em um trabalho para o qual não dava a mínima, tentando compensar minha frustração com coisas para as quais também não dava a mínima.

"Para piorar, meu plano para finalmente fazer o que gostaria requeria que eu trabalhasse até os sessenta, quando então poderia me aposentar." Ela se calou e me encarou. "Era uma sensação miserável."

— Sua visão parece ter mudado muito de lá para cá — argumentei. — O que fez você mudar?

Anne anuiu.

— Naquela noite, depois de encarar o teto por horas tentando entender como tinha me metido naquela situação, decidi caminhar um pouco. Eu morava numa cidade grande, com ruas sempre cheias de gente, e todas as pessoas que cruzavam meu caminho me faziam indagar se alguém ali se sentia como eu.

"Será que *elas* eram felizes? *Elas* faziam o que queriam? Se sentiam satisfeitas, realizadas? Em algum momento, parei num pequeno café pelo qual passara inúmeras vezes, mas no qual nunca tinha entrado."

Anne olhou de relance para Mike e sorriu.

— Para minha surpresa, encontrei um conhecido, alguém que sempre me impressionou pela serenidade que transmitia. Ele me convidou para sentar e, ao longo de três horas e muitas xícaras de café, nós trocamos ideias acerca da vida. Após me ouvir contar minha situação, ele sorriu e aventou que talvez eu estivesse lendo mais do que deveria das minhas próprias peças publicitárias. Diante da minha confusão, ele me explicou o ciclo que acabei de descrever para você. E me disse mais, me disse algo que reverbera em mim até hoje.

"'O desafio', falou, 'é compreender que algo é satisfatório porque *nós* determinamos assim, e não porque outra pessoa nos disse que é'."

— Uau — falei.

Anne relanceou Mike novamente e fez que sim.

— Pois é. Então, naquela noite, ao voltar para casa, refleti muito sobre o que era satisfatório para mim e o porquê e me desafiei a imaginar como gostaria de passar cada um dos dias. Antes que me desse conta, eu estava me perguntando *por que* queria passar meu tempo daquelas maneiras, e não de outras. De alguma forma, esse modo de pensar me trouxe até aqui.

Olhei para baixo; Anne apontava para o cardápio.

Por que você está aqui?

— E depois? — perguntei.

Anne deu risada.

— A Casey já deve ter te falado que, depois de se perguntar "Por que eu estou aqui?", a pessoa se transforma. Posso afirmar que desde aquela noite nunca mais fui a mesma.

— Sério?

Ela anuiu.

— Foi gradual. Comecei dedicando um pouco mais de tempo para mim mesma a cada semana. Parei de me mimar com "coisas" com o intuito de me compensar por trabalhar tanto e passei a me dar tempo para fazer as coisas que queria. Todo dia eu fazia questão de passar pelo menos uma hora fazendo algo de que realmente gostasse, fosse ler um livro que tivesse me deixado empolgada, ou caminhar por horas, ou praticar algum esporte.

"Essa uma hora se tornou duas, essas duas viraram três. Quando dei por mim, estava totalmente concentrada em fazer o que queria, ou seja, nas coisas que correspondiam à minha resposta para a indagação 'Por que eu estou aqui?'."

Dezoito

Anne se virou para Mike.

— Vocês dois já tiveram a conversa sobre a morte?

— Como é? — indaguei, pego de surpresa.

Ela sorriu a gesticulou para o cardápio.

— A segunda pergunta.

Olhei para baixo.

Você tem medo da morte?

Tinha praticamente esquecido das outras duas indagações no cardápio; diante de tudo o que me revelara a primeira, não me sentia pronto para pensar a respeito das demais.

— Estão relacionadas — comentou Mike.

Lendo pensamentos mais uma vez, justo agora que eu estava começando a achar que este era um café normal, como todos os outros — mentira, nunca achei isso.

— *Relacionadas* em que sentido? — perguntei.

— Você tem medo da morte? — indagou Anne. — A maioria das pessoas tem, é sem dúvida um dos medos mais comuns.

Dei de ombros.

— Não sei dizer. Sei que não quero morrer antes de ter a chance de viver as experiências que almejo, mas não é que passe meus dias pensando sobre a morte.

Anne me encarou.

— Os indivíduos que não se fizeram a pergunta que você viu no cardápio, que fazem pouco progresso no sentido de realizar seu PPE — ela fez um breve silêncio —, esses indivíduos temem a morte.

Foi a minha vez de silenciar. Fitei-a, depois olhei para Mike.

— Você está me dizendo que a maioria das pessoas passa boa parte dos dias pensando sobre a morte? Não creio que isso seja verdade, definitivamente.

Mike sorriu e balançou levemente a cabeça.

— Não é bem assim, John. O medo a que estamos nos referindo acontece essencialmente no inconsciente. — Ele pareceu hesitar. — Conforme os dias passam, a pessoa sabe, intuitivamente, que está um dia mais perto de não ter a chance de viver o que gostaria. O medo dela é que esse dia exista em um momento do futuro no qual já não *haja* essa chance. Ela tem medo do dia em que morrerá.

Refleti por um instante.

— Mas não precisa ser assim, precisa? E a pessoa que se pergunta o propósito de estar aqui, que decide o que vai fazer para realizar seu PPE e que de fato o faz... Por que essa pessoa teria medo da morte? Você não vai ter medo de não realizar algo que já realizou ou que realiza diariamente.

Anne olhou para Mike, que assentiu gentilmente, e então se voltou para mim, sorrindo.

— Não, não vai — falou com delicadeza. Ela esticou um braço sobre a mesa e pousou a mão sobre a minha. — Foi um prazer conhecê-lo, John. Preciso voltar para o meu amigo, mas adorei a nossa conversa.

— Eu também. Muito obrigado por me contar a sua história.

Nós três nos levantamos. Anne contornou o sofá e começou a retornar à sua mesa, enquanto eu me acomodei de volta no assento. Me sentia diferente, como se houvesse acabado de aprender uma lição que se mostraria valiosa por muito tempo.

Mike se virou para mim.

— Tudo bem, John? Você parece atordoado.

Fiz que sim.

— Estou apenas pensando. O que você e a Anne disseram faz todo sentido. Estou um pouco desconcertado por nunca ter escutado isso antes, ou não ter eu mesmo chegado a essas conclusões.

Ele sorriu.

— Tudo tem seu tempo, John. Talvez você até já tenha se deparado com essas reflexões no passado, mas não estivesse pronto para elas.

Mike alcançou dois dos pratos vazios na mesa.

— Vou abrir um pouco de espaço para você. — Ele gesticulou para o prato com o *hash brown*. — Vai terminar de comê-lo?

— Para meu próprio espanto, sim — falei, afastando os pensamentos para me concentrar na comida. — Está gostoso demais para não raspar o prato, e ainda tem um espacinho aqui.

Assim que Mike se afastou da mesa, passei a refletir sobre a conversa que eu, ele e Anne tivéramos. Eram muitas coisas para assimilar. Pensei na história de Anne e nos efeitos da publicidade; em que medida minhas definições de sucesso, felicidade e realização *foram* estabelecidas por terceiros? Difícil dizer. Resolvi que, a partir daquele momento, prestaria mais atenção às mensagens por trás das falas das pessoas.

Já a discussão sobre a morte havia repercutido em mim de forma completamente diferente; eu tinha a consciência de que aquela conversa me fizera atingir um grau mais profundo de compreensão. Não que antes me achasse num constante estado de desesperação emocional — nem era um tema em que pensasse com frequência —, mas, mesmo assim, a ideia de viver uma vida de acordo com meus propósitos, e os efeitos dessa conduta na maneira de encarar cada dia, repercutiu muito positivamente em mim.

— Você não vai ter medo de não realizar algo que já realizou ou que realiza diariamente — falei para mim mesmo.

Gostaria de *ter pensado* nisso antes.

— Seja como for, saber o conceito não basta; é preciso colocá-lo em prática.

Dezenove

Mirei o cardápio, no centro da mesa.

Por que você está aqui?

Você tem medo da morte?

Você se sente satisfeito?

As indagações já não soavam estranhas em comparação com a primeira vez que eu as lera; sua importância saltava aos olhos agora.

Você se sente satisfeito?

— Se eu não der o próximo passo para além de saber por que estou aqui e de fato começar a agir, nunca vou me sentir satisfeito — refleti comigo mesmo.

— Mas nunca é tão fácil quanto parece, não é?

Ergui o olhar, sobressaltado. Com uma jarra de água em mãos, Casey sorriu e começou a encher meu copo. Eu não a escutara se aproximar — ela tinha aparecido do nada, como Mike anteriormente.

— Não, nunca é — respondi, tentando retomar os pensamentos. — Eu tenho meu trabalho, sabe, que faço bem, que me sustenta. — Hesitei um pouco. — E se eu me perguntar por que estou aqui e descobrir que minha resposta para essa indagação são coisas que não sei fazer? E se eu não for capaz de arranjar um emprego relacionado a elas? Como vou ganhar dinheiro, pagar as contas, poupar para a aposentadoria? — Balancei a cabeça em negação. — E se eu não tiver talento para essas novas coisas? E se elas forem motivo de piada para os outros, desprezadas?

Casey apenas escutava meus temores e concordava com um sinal de cabeça. Então, me olhou nos olhos e disse:

— John, como você acha que se sentiria a pessoa que identificasse seu propósito aqui, que chegasse a uma resposta honesta? Você acha que ela ficaria animada com a nova descoberta?

Tentei visualizar a cena.

— Quero crer que sim. Descobrir o real propósito da existência é um excelente motivo para ficar *muito* animado.

— Você não acha que fazer as coisas que vão ajudar a cumprir esse propósito é um motivo igualmente excelente?

Fiquei em silêncio por um instante. A resposta para a pergunta parecia fácil demais. *Deve ter algo que não estou enxergando*, pensei.

— Claro, por que não seria? Aliás, essa deveria ser a parte mais empolgante e apaixonante de todas.

Casey assentiu.

— Então por que você está presumindo que a pessoa iria fracassar?

Encarei-a, sem saber como responder.

— Você já conheceu alguém completamente apaixonado pelo que faz dia após dia? — continuou Casey. — Alguém que parece estar sempre dedicado a algo verdadeiramente prazeroso?

Tentei puxar pela memória.

— Conheço uma ou outra pessoa que se encaixa nessa descrição, mas são poucas.

— E elas são boas no que fazem?

— São, oras — respondi num tom levemente irônico. — Com o tanto que elas se dedicam, seria estranho se não fossem. Se elas leem sobre o assunto até no tempo livre, assistem a vídeos e apresentações, frequentam convenções, reuniões... Com tamanha entrega, não tem como elas não serem boas no que fazem.

— E elas não se cansam com tudo isso?

— Pelo contrário, parecem nunca se saciar; é como se elas se revigorassem cada vez que... — Interrompi-me no meio da fala.

Casey sorriu para mim.

— Elas têm muita dificuldade para arrumar emprego?

— Ao menos essas pessoas que conheço, não. Sabem tanto sobre o que gostam de fazer, são tão apaixonadas, que todo mundo as procura em busca de orientação ou as convida para projetos.

— Imagino que sejam pessoas positivas, otimistas, que provavelmente não precisam se afastar de tudo para se "recarregar".

Tomei um tempo para assimilar o comentário de Casey; era uma perspectiva bastante interessante. Como seria minha vida se eu fizesse apenas coisas das quais gostasse, se eu dedicasse meu tempo a algo pelo qual fosse apaixonado?

— Mas e a questão do dinheiro? — perguntei por fim. — Não é porque a pessoa é muito boa ou sabe tudo sobre uma atividade que automaticamente vai ganhar bem. Arranjar emprego é uma coisa, mas será que o salário vai ser bom?

Vinte

Esse raciocínio me fez sentir um pouco melhor comigo mesmo.

— Além do mais, vai saber que tipo de coisa preenche a pessoa — completei.

Casey assentiu.

— Entendo — falou lentamente. — Vamos então imaginar o pior cenário possível no que diz respeito a dinheiro: a pessoa leva uma vida em que passa *todos os dias* fazendo aquilo que ela própria considera que cumpre seu Propósito Para Existir, porém não ganha "bem" por isso. Poxa, que trágico.

"E as consequências, então? Talvez chegue o dia em que ela olhe para trás e perceba que viveu uma vida em conformidade com seu PPE, que viveu a vida inteirinha fazendo o que *ela* queria, após descobrir sua razão de ser." Casey deteve-se por um momento. "Mas... talvez ela chegue aos sessenta e cinco sem uma grande poupança."

"Caramba, o que essa pessoa faria?", indagou ela num tom afetadamente dramático. "Não lhe restaria outra coisa senão continuar fazendo o que gosta de fazer. De fato, seria uma tragédia."

Revirei os olhos e abri um sorriso.

— Olha, Casey, quando você dá para ser irônica...

Ela retribuiu o sorriso.

— Estou apenas me certificando de que entendi bem a sua linha de raciocínio.

— Já entendi. Voltamos para a história sobre o pescador que o Mike contou. Por que esperar para fazer as coisas que gostaria se você pode fazê-las hoje?

— Sim, mas não apenas isso. Você lembra do que a Anne falou sobre os motivos que levam as pessoas a comprar coisas?

— Sim, ela explicou que, para muitas pessoas, parte do motivo de querer mais dinheiro é a necessidade de comprar mais coisas, com a ilusão de que essas coisas as preencherão, já que os demais aspectos de sua vida, como o trabalho, lhes causam uma sensação de insatisfação. No entanto, se não tomarem cuidado, elas podem cair numa espiral negativa, em que, quanto mais gastam, mais tempo precisam dedicar a um trabalho insatisfatório.

Olhei nos olhos de Casey, que não respondeu. Refleti por um instante; havia algo que estava passando despercebido por mim.

— Tem a ver com o pior cenário possível, não é? — perguntei.

Ela confirmou com um gesto.

Ponderei mais um pouco.

— Uma pessoa que se encontre no pior cenário possível sempre poderá escolher fazer outra coisa.

Casey assentiu novamente.

— E estamos considerando o pior cenário possível; obviamente existe outro, melhor. A pessoa pode ganhar *muito* por fazer aquilo que gosta e que a faz se sentir realizada.

Mais uma vez, Casey concordou e continuou sem dizer nada.

Recostei-me no sofá e bebi um gole de água. Ainda me faltava algum elemento; estava prestes e pedir uma dica quando um pensamento me ocorreu.

— Talvez o dinheiro se torne menos relevante. Claro, dependeria da pessoa, das circunstâncias, mas... — Detive-me de repente.

— Mas...? — Casey perguntou.

Desviei o olhar momentaneamente. As peças estavam todas ali, eu apenas precisava colocá-las na ordem certa. E então ficou claro para mim.

— Está tudo bem? — perguntou Casey, abrindo um sorriso.

— Uma das razões por que eu trabalho é ganhar dinheiro — comecei, empolgado. — Preciso de dinheiro para pagar as coisas que compro. No entanto, se considero o real valor que essas coisas têm para mim, admito que me reconheço em parte nas pessoas sobre as quais a Anne comentou. São coisas que funcionam como um escape, que me ajudam a desestressar e a me sentir melhor com o mundo que me rodeia.

"O que estou me perguntando neste momento é o seguinte: eu *teria* a mesma necessidade de comprá-las se não necessitasse desse 'escape'? Se não *necessitasse* 'desestressar'? Se eu fizesse o que gostasse, não seriam tantos os problemas dos quais quereria escapar, assim como meu estresse provavelmente seria menor."

Em êxtase, virei-me para Casey.

— Não se trata de ir viver em uma cabana no meio do mato, mas acho que a definição de "ganhar bem" varia de acordo com o quanto a vida que a pessoa leva satisfaz seu PPE.

— Você está dando a entender que as pessoas deveriam parar de querer ganhar mais?

— Não. Estou falando por mim; acho que, se descobrisse por que estou aqui e passasse a fazer o que, segundo meu próprio critério, satisfizesse esse propósito, eu teria muito menos preocupações relacionadas a dinheiro. Nada além disso.

Casey sorriu e concordou. Então, recolheu dois pratos vazios e falou:

— Que visão interessante, John.

Olhei ao redor do café.

— Constatada em um lugar interessante.

Vinte e um

Minutos depois, Casey retornou e se sentou diante de mim.

— John, quando entrei na cozinha para levar seus pratos, o Mike me recordou algo que você talvez ache interessante, algo que tem a ver com nossa conversa anterior sobre os desafios que se apresentam a quem está tentando cumprir seu PPE.

— A questão sobre ganhar dinheiro, você diz?

— Em parte, mas não só.

— Estou curioso.

— Para tanto, preciso que você tenha em mente algumas das pessoas sobre as quais falamos.

— As pessoas que conheço e que são completamente apaixonadas pelo que fazem? Que parecem estar sempre fazendo algo prazeroso?

— Essas. Você já notou algo especial nelas?

— Bem, uma delas, uma mulher, estava fazendo uma liquidação em um...

Casey me interrompeu:

— Pense para além do que elas fazem ou estavam fazendo. O que você percebeu a respeito delas *como um todo*?

Recostei-me no sofá e fechei os olhos para visualizar aquelas pessoas. Pouco depois, abri-os e olhei para Casey.

— Como comentei, elas parecem ser genuinamente felizes, passam a impressão de terem verdadeiro prazer no que fazem. Também são notavelmente seguras, e não me parece que seja bravata, elas simplesmente confiam que as coisas vão se desenrolar como querem.

— Interrompi-me. — Talvez você ache estranho o que vou dizer, mas outra característica delas é que são sortudas. Elas atraem coisas boas, coisas inesperadas.

— O que, por exemplo?

— Me vem à mente essa mulher, uma publicitária, o que é um tanto curioso considerando minha conversa com a Anne. Enfim, ela estava tentando fechar uma grande conta. Já não lembro os detalhes, mas sei que era um grande negócio, que muita gente tinha tentado sem sucesso.

"E ela decidiu que queria esse cliente. Após passar duas semanas preparando a apresentação, recebeu o telefonema de uma colega dos tempos de faculdade, com quem não falava havia muito tempo. Conversa vai, conversa vem, elas entraram no tópico de trabalho e a mulher comentou sobre a conta. E não é que a amiga da faculdade tinha ela própria uma amiga que trabalhava na empresa com a qual a mulher queria fechar?

"Telefona daqui, telefona dali, e as três combinaram um jantar. Não deu duas semanas e a mulher conseguiu a conta." Dei de ombros. "Quando falo que coisas inesperadas acontecem com essas pessoas, é a esse tipo de coisa que me refiro. Elas são muito sortudas."

— E a que você atribui isso?

— Não sei dizer. Talvez seja apenas coincidência. O curioso é que você me incitou a pensar naquelas pessoas que gostam verdadeiramente do que fazem, e que se dedicam a coisas que estão em harmonia com seu PPE. Esses golpes de sorte acontecem com muita frequência para essas pessoas.

Casey sorriu e me fitou.

— Só para essas pessoas? Você nunca passou por algo parecido?

Inclinei-me no encosto do sofá.

— Já, acho que sim. Não lembro agora de nenhuma ocasião específica, mas certamente já me aconteceu algo totalmente inesperado quando eu mais precisava.

— Tente lembrar desses eventos específicos, John. Tenho a impressão de que você vai perceber uma ligação entre eles.

— Eram ocasiões em que estava fazendo exatamente o que *eu* queria estar fazendo?

Vinte e dois

Assim que eu disse as palavras, um arrepio percorreu meu corpo — a mesma sensação de antes, aquela impressão de ter aprendido algo significativo sobre mim. Casey sorriu.

— Não sei se o que vou dizer vale especificamente para você, John, mas, trabalhando aqui, cheguei a certas conclusões a respeito das pessoas em geral. Aquelas que conhecem seu PPE e que agem para cumprir esse propósito de fato parecem ser muito sortudas; as coincidências mais inesperadas e aleatórias acontecem com elas quando mais precisam.

"Já perguntei a respeito a algumas, e, embora todas concordem que essa sorte existe, não são nada unânimes quanto à causa. Mais do que isso, a maioria nem está preocupada em classificá-la; elas reconhecem que é um fator atuante quando alguém está cumprindo seu Propósito Para Existir, mas simplesmente entendem que é parte de como as coisas funcionam."

— Me soa um tanto místico.

Ela concordou.

— Algumas pessoas usaram esse termo. Outras entendem que é parte da dinâmica natural do universo, ou então obra de uma força superior. Outras ainda acham que é só boa sorte mesmo. Mas todas concordam que existe e que é um elemento naquilo que fazem.

— E você, Casey, o que acha que é?

Ela refletiu e após um tempo falou:

— Honestamente, não sei. Acho que é uma mistura de todas essas razões e talvez mais uma. Você já ouviu falar da teoria dos números exponenciais?

Neguei com um gesto de cabeça.

— Acho que não.

— É bem simples de entender. Vou dar um exemplo: imagine que você contou algo a alguém e então você faz com que esse alguém o conte a outras pessoas; e essas pessoas contam a mais pessoas; muito em breve, sua mensagem terá atingido um público muito maior do que aquele com o qual você falou pessoalmente.

— Mais ou menos como uma corrente de e-mail ou texto. Você manda para dez pessoas, que mandam para mais dez, e assim por diante.

— Exatamente. O conceito é o mesmo. Mas suponha que o que você está contando tem a ver com sua tentativa de fazer algo que o ajudará a cumprir seu PPE. Primeiro, você compartilha com dez pessoas, as quais compartilham com outras dez, e essas dez continuam compartilhando, e assim vai. Logo vai haver um monte de gente que tem ciência da sua situação, gente que pode te ajudar.

— Mas por que essas outras pessoas se disporiam a me ajudar? E o que as motivaria a falar para mais pessoas sobre o que estou fazendo?

Casey me encarou, porém não respondeu, o que me fez deduzir que era mais um daqueles momentos em que eu deveria chegar por conta própria à resposta para minha indagação. Pensei por um tempo, mas a solução não me veio.

— Não sei, Casey. Que tal uma dica?

— John, sabe as pessoas que ensejaram esta nossa conversa, aquelas que trabalham com o intuito de realizar seu PPE? Como você se sente quando está interagindo com uma delas?

— Ótimo. É inevitável não ser contagiado pelo entusiasmo delas pelo que fazem. Você sente um impulso de ajudar, ser útil. — Detive-me. — Ah, não, Casey! É *essa* a resposta? E como isso se aplica à propagação da mensagem?

— John, você acabou de dizer que o entusiasmo delas provoca uma vontade de ajudar. Se *você* não fosse capaz de ajudar, mas conhecesse quem fosse, não acionaria essas pessoas?

— Sem dúvida. Eu me sentiria inspirado a fazê-lo, pois elas transmitem uma sensação de... — Interrompi-me em busca das palavras certas.

— Estarem no caminho certo?

— É! Elas transmitem tanto a sensação de estarem no caminho certo que você se sente impelido a ajudar.

— E em que tom você se refere a essas pessoas quando fala delas para outras que talvez possam ajudá-las?

Abri um sorriso — para Casey e para mim mesmo.

— Com um entusiasmo parecido com o delas quando me falaram originalmente. É contagiante, quase como se a emoção se conservasse na história, ou na necessidade.

Casey encolheu os ombros.

— Talvez esteja aí sua resposta. — Ela se levantou e recolheu os pratos restantes. — Estou espantada, John. Você estava faminto mesmo.

— A comida estava gostosa demais para não comer tudo.

Virei-me na direção da cozinha e avistei Mike, que acenou. Retribuí o cumprimento, já bem mais à vontade com o conceito de acenar para o cozinheiro no restaurante.

— Casey, será que sobrou uma fatia daquela torta de morango com ruibarbo?

Ela deu risada.

— Vou dar um pulo na cozinha para conferir.

Vinte e três

Passados alguns minutos, Mike se aproximou de minha mesa.

— Foi aqui que pediram uma fatia de torta de morango com ruibarbo?

No prato que ele segurava, havia uma fatia que alimentaria facilmente três pessoas.

Com um sorriso, falei:

— Mike, tem metade da torta aí, acho que não aguento tudo isso.

Ele dispôs sobre a mesa um guardanapo extra e um garfo limpo, assim como o prato.

— Leve o tempo que precisar, não há pressa. Como foi o papo com a Casey?

— Interessante, muito interessante. — Apontei para o cardápio. — Estávamos falando sobre pessoas que parecem ter chegado a uma versão pessoal da resposta a esta primeira pergunta.

As palavras no cardápio se transformaram em *"Por que eu estou aqui?"* e logo se converteram de volta a *"Por que você está aqui?"*. Nem me dei ao trabalho de comentar sobre a mudança.

— Isso, esta aqui — continuei. — Essas pessoas parecem ter certas características em comum. Conhecem o propósito de estarem aqui, compreenderam o que desejam fazer para cumprir esse propósito e confiam plenamente que serão capazes de fazê-lo. E, quando se põem a fazer, o acaso conspira a seu favor. A Casey estava me contando algumas teorias que explicam esta última parte.

Mike abriu um sorriso largo.

— Não faltam especulações a esse respeito. Elas remontam a um tempo muito antigo, aos primeiros filósofos, eu diria.

— Mike, uma coisa não está clara para mim. Por que nem todo mundo persegue seu próprio PPE? Sim, já sei que é uma pergunta que devo fazer a mim mesmo, e eu o fazia quando você apareceu. O que estou questionando é se existe uma razão maior, mais abrangente do que uma pessoal minha.

Mike pousou na mesa a caneca que levava e ocupou seu lugar no sofá.

— Certamente cada um de nós terá suas próprias razões — começou. — São razões que cabem a cada indivíduo observar, pois são próprias de sua situação. Entretanto, parecem existir alguns itens predominantes.

— Tipo? — perguntei, dando uma bela garfada na torta.

— Em muitos casos, trata-se do simples fato de o indivíduo nunca ter sido apresentado ao conceito de Propósito Para Existir. Em outros, embora compreenda o conceito, o indivíduo não está convencido de que *ele* próprio possui um PPE. E há pessoas que, devido à forma como foram educadas ou ao ambiente em que vivem, consideram que não têm o direito de buscar realizar seu PPE.

"Às vezes, mesmo uma pessoa que acredita ter um Propósito Para Existir, e que considera ter o direito de realizá-lo, não admite que para tanto basta reconhecer que ela é capaz e a partir daí fazer o que deseja.

"O que me faz pensar no que você e a Anne estavam comentando: o sustento e mesmo o poder de muitas pessoas vêm de convencer as demais de que elas, ou algo que elas produzem ou vendem, são imprescindíveis para sua satisfação. Imagine o que aconteceria se todos compreendêssemos que cada um de nós tem controle sobre o *próprio* nível de satisfação.

"Esse tipo que vive de convencer os outros perderia seu poder. E essa gente", Mike se deteve, "não gosta nada dessa ideia."

— Me fez lembrar de algo que a Casey e eu comentamos em uma de nossas conversas — falei. — Ela me ajudou a enxergar que, uma vez que compreende seu PPE, a pessoa vai lá e faz o que deseja, sem precisar da permissão ou do consentimento de quem quer que seja.

— Perfeito. Além do quê, ninguém tem o poder de impedir, tampouco autorizar, outra pessoa de obter ou fazer o que deseja na vida. Cada indivíduo controla o próprio destino.

Refleti sobre essas palavras, assim como sobre as conversas com Casey e Anne.

— O cenário que você está descrevendo é muito diferente do que eu vejo ou escuto no meu dia a dia. Posso compreender a enorme dificuldade que algumas pessoas têm de sequer se abrir para a ideia de identificar o propósito de sua existência ou de controlar seu próprio destino, quanto mais de dar os passos necessários para começar a viver em conformidade com esse propósito.

— Certamente. Mas não é impossível. Aliás, algumas semanas atrás, um homem que visitou o café contou para mim e para Casey, em uma história muito interessante, o que *ele* aprendeu sobre controlar o próprio destino.

— Eu adoraria ouvir essa história. Ela envolve pescadores?

Mike riu.

— Esta não, mas envolve esportes. Pois bem, esse cara tinha um sonho recorrente no qual estava prestes a dar uma tacada de golfe extremamente difícil. Em suas palavras, ele não era um exímio golfista nem quando estava acordado, o que tornava especialmente frustrante encarar tal desafio durante o sono. No sonho, a bola se situava no peitoril de uma janela, sobre uma enorme pedra escorregadia ou outro lugar igualmente ridículo e inconcebível.

"Ele tentava fincar os pés de determinado jeito para simular a tacada, tentava de outro, mas nenhuma posição ficava boa; a tacada seria péssima, e ele sabia. Quanto mais tacadas ele simulava, mais nervoso e tenso ficava.

"Quando a frustração atingia seu máximo, era aí que o homem se sentia apto a dar a tacada. No entanto, assim que ele iniciava o movimento do braço, a localização da bola mudava para outra igualmente desafiadora. Ele mais uma vez passava pelo processo de acúmulo de tensão e nervosismo. E o ciclo se repetia até acordar com o coração acelerado e o corpo esgotado pelo estresse."

— Que coisa horrível.

— Foi a palavra que ele usou. Contudo, certa noite, na altura do sonho em que normalmente atingia o pico da frustração, ele subitamente tomou consciência de que poderia simplesmente pegar a bola e colocá-la em outro lugar. Não havia nada em jogo, a posição da tacada não importava para ninguém além dele.

"Ele conta que acordou com a forte impressão de que havia adquirido uma importantíssima compreensão de algo que, embora parecesse óbvio agora, não lhe ocorrera antes. Nossa conversa terminou com ele me dizendo:

"'Apesar do que somos ensinados a acreditar, ou do que nos mostram as propagandas, ou mesmo das percepções que nos acometem quando estamos estressados com o trabalho, temos, sim, controle sobre cada momento da vida. Eu tinha desaprendido isso, vinha tentando me acomodar às várias influências, permitindo que elas tomassem controle da minha existência.

"'Da mesma forma que ninguém além de mim dava a mínima para o local da tacada, na vida é o sujeito, e apenas ele, que pode saber verdadeiramente o que deseja de sua existência. Jamais permita que nada nem ninguém te influencie a ponto de você sentir que perdeu o controle sobre seu próprio destino. Seja ativo na escolha de seu caminho, ou alguém o escolherá por você. Pegue a bola de golfe e a posicione em outro lugar.'"

Assim que terminou a história, Mike me fitou e completou:

— Sem pescadores, como prometido.

— Sem pescadores! — falei rindo. — Mas uma excelente história ainda assim. Gosto da mensagem que ela transmite.

— O homem também gostou. Ele disse que a mensagem do sonho transformou sua vida. A partir desse momento, ele se deu conta de que era sua a responsabilidade por escolher o próprio destino. Agora, sempre que se vê em uma situação na qual não sabe bem o que fazer, ele diz a si mesmo: *"mova a bola de golfe"*, e o mero ato de pronunciar essas palavras tem o efeito de convencê-lo a fazer o que deseja, sem medo.

Vinte e quatro

Mirei meu relógio: já passava das cinco da manhã.

— Nossa, já está quase na hora de pedir o café da manhã de novo.

Mike sorriu.

— É melhor terminar sua torta primeiro.

Dei outra garfada e falei:

— Com o maior prazer! Está magnífica. — Terminei de mastigar e bebi um gole de água. — Mike, tem uma coisa que continua confusa para mim. Já a comentei com você e com a Casey, mas ainda não cheguei a uma solução.

— Manda! A não ser que esteja se referindo à receita da torta. É uma das únicas informações que a gente não revela. Foi minha mãe quem me ensinou, e eu prometi a ela que nunca a repassaria a ninguém.

Abri um grande sorriso.

— É uma pena, pois a torta é incrível, mas eu compreendo. Felizmente, a resposta que busco é outra.

— Que seria?

— Eu e você estamos há horas falando de as pessoas se perguntarem "Por que eu estou aqui?", e Casey e eu conversamos sobre as consequências que essa pergunta carrega e também sobre o que as pessoas fazem uma vez que têm a resposta. O que eu ainda não sei...

— Como você busca a resposta na prática? — interrompeu-me Mike.

— Isso.

— Vou pedir a ajuda da Casey para responder a essa. Juntos, provavelmente daremos uma explicação melhor do que somente um de nós seria capaz.

Mike se levantou do sofá e caminhou até a outra extremidade do restaurante, onde Casey conversava com Anne e seu amigo. Indaguei-me se eles estavam discutindo os mesmos temas que eu.

Não demorou, e Casey e Mike voltaram à minha mesa.

— E a torta? — perguntou Casey enquanto ela e Mike se acomodavam.

— Maravilhosa — falei com um grande sorriso. — Estou quase saciado.

— Casey, o John estava me perguntando o que alguém deve fazer para encontrar a resposta para a primeira indagação — falou Mike, apontando para o verso do cardápio, onde a questão "Por que você está aqui?" se transformou em "Por que eu estou aqui?". — Achei que seria mais proveitoso se nós dois tentássemos responder juntos.

Casey fez que sim e então me fitou bem nos olhos. Em um tom muito sério, perguntou:

— Você tem uma caixa de correio, John?

— Sim, claro — respondi, um tanto desconcertado com a pergunta.

— Pois bem, na próxima lua cheia que coincidir com o sétimo dia após um mês exato do instante em que você lançou esta questão, um pacote será entregue em sua caixa de correio e dentro dele haverá um documento, o qual, lido sobre a chama de uma vela, exibirá uma mensagem oculta escrita pelos detentores da resposta. A mensagem pode ser lida uma única vez, somente à luz da vela e somente no dia sétimo.

Tomado de surpresa pela intensidade de Casey, me inclinei à frente para não deixar escapar nenhum detalhe de sua explicação.

— Você saberá quando for o pacote correto pois a fita vermelha estará amarrada em laço duplo, com...

Subitamente, a mesa começou a chacoalhar, como se vibrasse com a energia, me fazendo recostar bruscamente no sofá.

— O que está acontecendo, Casey? A mesa...

Casey continuou como se não houvesse notado nada de estranho:

— ... o laço superior pelo menos duas vezes maior do que o inferior, localizado no canto superior esquerdo do pacote.

Virei-me para Mike para perguntar se ele também

estava sentindo as vibrações, porém, para minha surpresa — e leve embaraço —, logo ficou claro por seu comportamento que a vibração da mesa nada tinha de prenúncio do outro mundo, como eu já começara a pensar. Para conter a risada provocada pela fala de Casey, ele havia tapado a boca com as mãos e se inclinado contra a mesa; o riso era tal que seu corpo inteiro se sacudia e sacudia a mesa como consequência.

Revirei os olhos e sorri.

Casey voltou-se para Mike e deu um leve tapa em seu ombro.

— Você é um péssimo cúmplice.

— Perdão, mas não consegui segurar, você foi convincente *demais*.

— Ok, é possível que eu tenha passado um pouquinho do ponto na licença poética para responder à sua pergunta, John.

— Um pouquinho! — comentou Mike, sorrindo. — Foi puro embuste! — Ele começou a imitá-la: — *Amarrada em laço duplo...*

Nós três caímos na risada.

— Você é uma ótima contadora de história, Casey — falei após um tempo. — Contudo, devo dizer que ainda não respondeu à minha questão.

— Além de tirar um pouco de sarro — disse ela, com um sorriso —, eu quis ilustrar um ponto. Há pessoas que fazem a pergunta e querem saber a resposta, mas não só: elas esperam que algo ou alguém se encarregue de lhes *entregar* a resposta.

— E num pacote que chegará no sétimo dia, ainda por cima — brinquei.

— Exato! Contudo, assim como temos livre-arbítrio para decidir o que vamos fazer uma vez que conhecemos a resposta, cabe a nós a responsabilidade por *buscar* essa resposta.

— O que você está dizendo, então, é que não basta dar o primeiro passo e depois sentar e esperar. Se a pessoa quer realmente saber por que está aqui, cabe a ela descobrir.

Mike concordou.

— Correto. E há formas diferentes de fazê-lo. Algumas pessoas dedicam tempo a refletir sobre a questão. Outras põem a música preferida para tocar e se deixam levar pelos pensamentos. Há quem prefira meditar a sós em meio à natureza. Tem pessoas que conversam com amigos ou mesmo com estranhos. E tem quem seja guiado até a resposta pelas ideias e histórias lidas nos livros.

— Qual é a melhor? — indaguei.

Casey me encarou.

— Realmente depende da pessoa, John. Mas, como a resposta só pode ser determinada pela própria pessoa, passar um tempo a sós durante essa busca é algo que boa parte delas faz.

— Sim, compreendo. É difícil se concentrar em algo tão importante quando se está sendo bombardeado por tantas informações e mensagens.

— Perfeito — observou Mike. — Aquelas pessoas que dedicam tempo a meditar ou que se isolam em meio à natureza geralmente estão tentando se afastar dos "ruídos" externos para conseguir se concentrar nos próprios pensamentos.

— Com isso concluímos a questão? — perguntei.

Casey fez um gesto negativo com a cabeça.

— Ainda não. Lembra do que conversamos sobre a importância de se abrir para diferentes ideias, pessoas, culturas, perspectivas?

— Claro, para descobrir as diversas coisas que alguém poderia fazer para cumprir seu Propósito Para Existir.

— Isso. A mesma ideia se aplica às pessoas que estão tentando decifrar seu PPE. Muitas descobrem que, quando experimentam ideias e coisas novas, acabam se encantando por algumas delas. Tem pessoas que chegam a ter uma reação física quando se identificam com algo: borboletas no estômago, um arrepio na espinha, lágrimas de alegria. Já outras são tomadas por uma sensação de revelação. Essas reações podem ajudar a identificar o propósito de estar aqui.

— Consigo me relacionar ao que você está dizendo. Já passei pela situação de ler ou escutar alguma coisa e aquilo fazer todo sentido para mim. Para ser sincero, passei por isso algumas vezes nesta noite.

— Nós conseguimos responder à sua pergunta, John?

— Sim. Muito obrigado.

Casey então se levantou e falou.

— Sendo assim, vou ver como estão nossos outros visitantes. Você deseja mais alguma coisa, John?

— Acho que não. A não ser que, na próxima lua cheia, eu receba um misterioso pacote amarrado com fita vermelha... Neste caso, eu provavelmente terei perguntas a fazer.

Casey deu risada e piscou para Mike.

— Justíssimo. Mantenha-nos avisados.

Vinte e cinco

Mike e eu ficamos em silêncio por algum tempo depois que Casey se afastou. Ele então me encarou.

— John, para onde você estava indo quando parou aqui?

— Estava dando início às minhas férias. Precisava me afastar de tudo por algum tempo... Uma oportunidade para pensar, suponho, muito embora não soubesse exatamente sobre o que queria pensar. — Olhei meu relógio. — Posso dizer com convicção que as últimas oito horas me forneceram excelentes sugestões.

Ele fez que sim.

— Mike, posso fazer uma pergunta pessoal?

— Claro, diga.

Fitei-o nos olhos.

— O que *te* levou a fazer a pergunta no cardápio?

Ele se recostou no assento e um sorriso se insinuou em seu rosto.

— O que te faz pensar que fui eu?

— Você, seu comportamento, este lugar, não sei ao certo. Mas você me passa a impressão de que faz exatamente o que gostaria de estar fazendo, por isso deduzi que se fez a pergunta em algum momento da vida, e este café é o resultado. Ele concordou com um gesto vagaroso.

— Muitos anos atrás, eu vivia uma vida bastante agitada: fazia faculdade à noite, trabalhava em período integral durante o dia e preenchia os minutos restantes treinando com o objetivo de ser um atleta profissional. Por dois anos e meio, cada instante da minha vida foi cronometrado.

"Depois que me formei, pedi demissão e decidi tirar férias. Como já tinha um novo emprego acertado para dali a um tempo, combinei com um amigo que também tinha acabado de se formar de irmos para a Costa Rica.

"Passamos um mês viajando pelo país, fazendo trilhas no meio das florestas, admirando animais selvagens, completamente imersos em uma cultura diferente. Foi uma experiência incrível, profundamente inspiradora e também muito prazerosa.

"Certo dia, sentamos em um tronco nessa praia absurdamente linda para comer mangas frescas e contemplar o mar. Tínhamos passado a tarde pegando onda naquelas águas que pareciam artificialmente aquecidas de tão tépidas. O azul cintilante do céu desvanecia em tons de rosa, laranja e vermelho conforme o sol se punha diante de nosso olhar relaxado e encantado."

— Que imagem espetacular — comentei.

— E era. Me lembro de abarcar aquilo tudo com o olhar e pensar que, enquanto eu estava planejando cada minuto da minha vida nos últimos dois anos e meio, aquela cena vinha se repetindo, se renovando dia após dia.

"O paraíso ficava a algumas horas de distância de avião e umas estradas de terra, e mesmo assim eu nem sequer sabia que ele existia. Não só tinha estado ali durante aqueles dois anos e meio como o sol e as ondas vinham se derramando sobre ele por milhões, se não bilhões, de anos.

"Fui completamente engolfado por esses pensamentos. Me senti pequenino: os problemas, as coisas que me deixavam estressado, as preocupações com o futuro, tudo isso subitamente perdeu completamente a importância, pois compreendi que, o que quer eu fizesse ou deixasse de fazer durante a vida, quaisquer que fossem as minhas decisões, certas, erradas ou algo no meio disso, aquilo continuaria existindo por muitos e muitos anos após minha morte.

"Fiquei ali, defrontado pela beleza e pelo esplendor inacreditáveis da natureza e pela compreensão de que minha vida era uma parte infinitesimal de algo muito maior. Foi aí que um pensamento me ocorreu: *Por que motivo eu estou aqui, então?* Se tudo aquilo que eu considerava tão importante na verdade não tinha importância nenhuma, o que é importante nesta vida? Qual é o propósito da minha existência? *Por que eu estou aqui?*

"Depois que meus pensamentos passaram a ser povoados por essas indagações, vivenciei algo similar ao que Casey descreveu para você. Elas não arredavam por um minuto, até eu chegar às respostas."

Recostei-me no sofá. Sem que houvesse percebido, enquanto Mike falava eu me inclinara à frente para captar cada detalhe.

— Obrigado, Mike, é uma história maravilhosa.

— Sabe, John, a vida é uma história maravilhosa. Contudo, às vezes a gente esquece que a autoria é nossa; nós podemos escrevê-la como bem entendermos.

Permanecemos um tempo em silêncio, até que Mike se levantou.

— Preciso dar uma geral na cozinha. Você precisa de mais alguma coisa?

— Não, obrigado. Já, já vou pegar a estrada. Falando nisso, eu estava completamente perdido quando topei com o café. Não faço ideia da direção que devo tomar saindo daqui.

Mike sorriu.

— Bem, isso depende... — Ele ia continuar, mas então se deteve e pareceu mudar de ideia. Quando falou, por fim, era claramente uma consideração diferente: — Seguindo alguns quilômetros por essa estrada, você vai cair em um cruzamento de quatro vias. Pegue a saída da direita, ela vai dar na rodovia. Tem um posto de gasolina quase na entrada da pista; o que você tem de combustível é suficiente para chegar lá.

Como ele sabia que eu conseguiria chegar ao posto, eu não fazia ideia, porém algo me dizia que Mike estaria certo no fim. Levantei-me e lhe ofereci a mão.

— Obrigado, Mike. Este seu lugar é muito especial.

Ele sorriu e me cumprimentou.

— Às ordens, John. Boa sorte daqui em diante. — Então virou-se e se afastou.

Vinte e seis

Voltei a me sentar e meu olhar mais uma vez foi atraído para o cardápio que repousava na mesa.

Por que você está aqui?
Você tem medo da morte?
Você se sente satisfeito?

Se alguém me houvesse feito essas perguntas no dia anterior, eu teria colocado em dúvida a sanidade da pessoa; agora, no entanto, já não conseguia imaginar como seria se não tivesse sido apresentado a elas.

Casey se aproximou, colocou a conta sobre a mesa e me entregou um pacote.

— A última fatia da torta de morango com ruibarbo. Um presente de despedida do Mike. E este aqui é meu.

— Ela me ofereceu um cardápio, em cuja capa, abaixo das palavras "Café das Interrogações", Casey havia escrito um recado, o qual eu li e reli. — Um mimo para você sempre se lembrar da gente.

Fiz que sim e me virei para ela.

— Obrigado, Casey. Muito obrigado por tudo.

— Foi um prazer, John. Estamos aqui para isso.

Permaneci no sofá por alguns minutos após Casey se afastar, tentando assimilar os acontecimentos. Por fim, me levantei, deixei o dinheiro na mesa e peguei o cardápio e o pacote.

Quando pisei fora do café, um dia novo raiava. O sol já torreava acima da copa das árvores no campo que se estendia para além do estacionamento de cascalho. Havia no ar os vestígios da calmaria que precede o novo dia e, ao mesmo tempo, os rumores da engrenagem da vida já em movimento.

Eu me sentia revigorado, cheio de vida. Passei o pacote da mão direita para a esquerda e abri a porta do carro.

— Por que eu estou aqui? — falei para mim mesmo. — *Por que eu estou aqui?*

Era de fato o raiar de um novo dia.

Epílogo

Após aquela madrugada no café, passei por muitas transformações. Se é verdade que não me atingiram como um relâmpago na forma como ocorreram, também é verdade que essas transformações foram potentes como um na influência que exerceram em minha vida.

Como Anne, comecei aos poucos. Saí do café me perguntando "Por que eu estou aqui?" e continuei ponderando tal questão pelo tempo que se seguiu. A resposta não me veio de imediato nem de uma vez só. Compreendi que passar as férias pensando nisso e depois retornar ao cotidiano de sempre não bastaria para descobrir meu Propósito Para Existir, ou PPE, como dizia Casey. Foi necessário certo empenho para alcançar a resposta, como costuma ser o caso com aqueles conhecimentos que realmente importam.

Foi uma combinação dos métodos que aprendi com Casey e Anne que me permitiu entender. Comecei dedicando diariamente algum tempo para fazer minhas atividades preferidas — uma técnica parecida à usada por Anne. Depois, passei a tentar tirar proveito das oportunidades, tal como Casey explicara, e a explorar as chances de aprender ou experimentar coisas novas. Essa postura me ajudou a expandir meu universo de propósitos possíveis.

Em algum momento, meu PPE, assim como meus caminhos para consumá-lo, se tornou claro. Ironicamente, foi aí que me defrontei com o desafio mais difícil; diante de uma escolha em que uma opção é viver uma vida em conformidade com seu Propósito Para Existir e a outra é simplesmente seguir vivendo, pode parecer que a decisão é simples.

Mas não é.

Com o tempo, aprendi que é neste ponto que a maioria das pessoas encerra a jornada. Elas espiam por um buraco na cerca e descortinam claramente a vida que gostariam de levar, porém, pelas mais variadas razões, não se permitem abrir o portão e adentrar essa vida.

No começo, isso me causava uma grande aflição; entretanto, como Mike bem disse — e como hoje estou convencido —, as pessoas farão essa escolha nos mais diversos momentos da vida, algumas na infância, algumas mais tarde, e há quem nunca a faça. É uma decisão que não pode ser apressada e que não cabe a ninguém senão ao próprio sujeito.

"Você não vai ter medo de não realizar algo que já realizou ou que realiza diariamente": foi esse entendimento que me ajudou a escancarar o portão, e que hoje é um dos princípios que me regem.

Não se passa um dia sem que eu pense em algo relacionado ao café. Recordo-me da tartaruga marinha de Casey cada vez que abro a caixa de correio e ela está cheia de propagandas e ofertas de coisas de que não preciso; há uma onda vindo permanentemente de encontro a mim, disposta a sugar meu tempo e minha energia, mas, agora que sou consciente de sua presença, preservo minhas forças para as ondas que vêm ao meu encontro.

Também me lembro com frequência da história de Mike na praia da Costa Rica; no panorama amplo da existência, nossas tensões, angústias, vitórias e fracassos são de pouca importância.

No entanto, é quando somos confrontados com nossa aparente insignificância que encontramos algum propósito. Se tenho algum arrependimento quanto às mudanças que fiz em minha vida, é por não tê-las feito antes. Suponho que ainda não estava pronto até aquela noite no café.

Hoje, após ter buscado e encontrado meu propósito aqui e passado a viver com a intenção de cumpri-lo, jamais voltaria à vida do lado de lá do portão.

Obrigado pela visita!

O café no fim do mundo

Além de livros, John escreveu diversos artigos, que ele disponibiliza para os fãs de café em:

www.johnstrelecky.com/articles/

Sobre o autor

Quando John tinha trinta e três anos, um acontecimento transformador o inspirou a contar a história de *O café no fim do mundo*.

Um ano após seu lançamento, graças ao apoio boca a boca dos leitores, o livro já tinha se espalhado pelo mundo e inspirava pessoas em cada um dos continentes, até mesmo na Antártica. Em três deles, alcançou o primeiro lugar entre os mais vendidos, além de ter sido nove vezes o best-seller do ano e traduzido para mais de quarenta línguas.

Feitos que nunca deixam de maravilhar John.

Entre seus livros, que já venderam mais de oito milhões de cópias, estão: *O café no fim do mundo*, *Return to the Cafe on the Edge of the World*, *Reconnection — A Third Visit to the Cafe on the Edge of the World*, *A New Visitor to The Cafe on the Edge of the World*, *Life Safari*, *The Big Five for Life*, *The Big Five for Life Continued*, *Ahas! — Moments of Inspired Thought*, *Ahas! Volume II*